你也能读懂的《道德经》

王不才　编著

周应德　整理

SPM

南方出版传媒

广东人民出版社

·广　州·

图书在版编目（CIP）数据

你也能读懂的《道德经》 / 王不才编著. -- 广州 ：
广东人民出版社，2021.11
ISBN 978-7-218-15383-4

Ⅰ. ①你… Ⅱ. ①王… Ⅲ. ①道家②《道德经》—研
究 Ⅳ. ①B223.15

中国版本图书馆CIP数据核字（2021）第235721号

NI YE NENG DUDONG DE《DAODEJING》

你也能读懂的《道德经》

王不才 编著

出 版 人：肖风华

责任编辑：王庆芳 范先鋆
装帧设计：吴光前 李 利
责任技编：吴彦斌 周星奎

出版发行：广东人民出版社
地 址：广州市海珠区新港西路204号2号楼（邮政编码：510300）
电 话：（020）85716809（总编室）
传 真：（020）85716872
网 址：http://www.gdpph.com
印 刷：广东鹏腾宇文化创新有限公司
开 本：889毫米×1194毫米 1/32
印 张：6.75 字 数：135千
版 次：2021年11月第1版
印 次：2021年11月第1次印刷
定 价：39.00元

如发现印装质量问题，影响阅读，请与出版社（020-85716849）联系调换。
售书热线：（020）85716826

◎ 王不才与周应德

◎ 王不才夫妇

前言

王不才

《你也能读懂的〈道德经〉》总算出版发行了，这是我与周应德先生两年来辛苦劳作的成果。我们采用这个书名，有两层意思：一是读者对象，不是专业研究《道德经》的专家学者，而是普通的对《道德经》有兴趣的朋友。老子《道德经》出世，历经近三千年，注释、讲解、校疏，自南北朝王弼以下，真可谓浩如烟海，谁也无法统计。但都是以文言文或半文半白的语言解读的，我们现在读起来仍然障碍重重。我们想用普通话，清楚流畅地解读这部经典，尽量扩大《道德经》的读者群，让老子在《道德经》中阐述的人生大智慧得到某种程度的普及。另一层意思是这书名，还是一种承诺，就是“你也能读懂”。《道德经》思想深邃，意义深远，有些连我们自己也把握不准。我们说的读懂，是指在文字上尽全力扫清障碍，至于《道德经》的实质精髓，全靠我们自己去领悟。目前流行的各种版本，对于同一章节之所以有完全不同的乃至相对的理解，那就是个人领悟的结果。这本书，就是一块砖头，是要用来引出“玉”的。

目 录

老子小传

汉朝的司马迁在《史记》里说，老子姓李名耳，字聃，是春秋时期楚国苦县（今河南鹿邑县）厉乡曲仁里人。

有人考证，老子是个遗腹子，大约生于公元前571年。父亲是周朝宋国的上将军，名叫老佐，因抗击叛乱而亡。

老子出生时，头大，眉宽，耳阔，目光清澈，鼻含双梁。因双耳又长又大，所以起名“聃”。

老子生于庚寅年，属虎。因此，亲邻叫他小狸儿，即小老虎之意。后来，他的小名狸儿，成为大名李耳。

老聃自幼十分聪慧，非常好学，喜欢静思。他经常缠着家将，要听国家兴衰、战争成败、祭祀占卜、观测星象的故事。

老母望子成龙，请了一位精通殷商礼乐的老先生，来家里给他授课。在先生的教导下，老聃进步非常快。三年后，家教先生认为自己没有什么知识可以教给他了，于是，推荐他到周国都城，接受教育。

老聃去周国都城洛邑（今河南洛阳市），拜见博士，进入周国宫廷太学读书。

在太学，他兴趣广泛，天文、地理、人伦，无所不学，很快就掌握了各种文物、典章、史书知识，精通殷商时期流传下来的易、历、诗、书、礼、乐等古籍。

三年后，博士推荐他进入宫廷守藏室，做了一名小官吏。周国宫廷守藏室是周朝典籍收藏之所，收集天下古今文书，各种各样的文献资料十分丰富。

老聃如饥似渴，认真研读，弄清了礼乐的源流，领会了道德的要义。

三年后，他迁任宫廷守藏室史（相当于国家图书馆馆长），在京城洛邑无人不识，闻名遐迩。

春秋时期，社会上学识渊博的人被称为“子”，以表示尊敬。

由于老聃学问精深，声名显赫，被人们称为“老子”，非常受尊敬。

据传鲁昭公二十一年（公元前521年），鲁国的孔子，前往周国都城洛邑拜见老子。这一年，老子五十岁。孔子三十岁。

在洛邑期间，孔子向老子询问了很多关于周礼的事情。他们交流甚欢，结下一段友情，被人们传颂。

回到鲁国后，孔子对弟子们说：“鸟，我知它能飞；鱼，我知它能游；兽，我知它能走。走者可用网缚之，游者可用钩钓之，飞者可用箭取之。至于龙，我就不知道如何对付它了。龙乘风云可以上九天！我所见到的老子，就像龙一样啊！”

周敬王四年（公元前 516 年），周王室发生内乱，王子朝与一班旧臣僚，携带周王室的典籍，逃亡到楚国。

老子因此受到牵连，承担失职的责任，因而辞去守藏室史的官职。

老子离开宫廷后，看到周朝势力已经日益衰微，整个社会动荡不安，礼坏乐崩，封建制度逐渐瓦解。

他知道周朝走向衰落已经不可逆转。于是，和当时很多得道之人一样，打算离开都城，他乡归隐。

老子决定西去。他骑着一头青牛，经过函谷关（今河南灵宝县）。

函谷关守关的长官叫尹喜，人称关令尹喜。

尹喜见到一位仙风道骨的老人，骑着一头青牛慢悠悠地向关口行来，头顶上有祥云。他知道此人非凡。

他派人打听，得知是老子，十分高兴，有意留住他。

当时出关西去的人不少。尹喜知道，老子出关之后，就不会回来了。

于是请求他留下篇文章，好让后人对这个混乱的现实社会进行反思。

老子以为，社会的变化是一个漫长的过程，现在不能改变，但日后还是有希望矫正过来的。于是答应了他的要求。

老子在函谷关停留了一段时间，留下一篇五千字的文章。

尹喜读后，如获至宝，欣喜若狂，立即叫人传抄一份，送回京都洛邑。

尹喜本身是个学者，曾著有一本书，叫《关令子》。他深入阅读老子五千言后，决定辞去官职，跟随老子一起去西域。

老子出关西去之后，史料没有记载他的具体去向。汉朝司马迁写《史记》时，也无法考证他的卒年，只说不知所终。

老子留下的五千言，传到周朝京都洛邑后，朝野非常震惊。人们争相传抄，议论纷纷。

后来，有人将五千言分成上下两篇，共八十一章，取名为《道德经》。这就是《道德经》的来历。

春秋战国时期，《道德经》在社会上广为流传，成为当时中国社会的主流思想。

后来出现的诸子百家，无不以道、德作为立论的基础，展开改造社会的理论探索。

其中，留传下来的《庄子》《墨子》《鬼谷子》《韩非子》等，都深深地打上《道德经》的思想烙印。

老子《道德经》实在是太伟大又太实用了。因此，一直流传至今，从未间断，成为中华文化的重要经典。

毫无疑问，《道德经》是人类宝贵的文化遗产！是真正的传世之宝！

一章

◎ 原文

道可道①，非常②道；名可名③，非常名。无名，天地之始；有名，万物之母④。故常无欲，以观其妙；常有欲，以观其徼⑤。此两者，同出而异名。同谓之玄⑥。玄之又玄，众妙之门⑦。

注释：

① 道可道：前“道”，名词，指老子所说的道；后“道”，动词，意思为说出来。

② 常：普通的、正常的。

③ 名可名：前“名”，名词，即道的名字；后“名”，动词，命名，给道取名字。

④ 母：母体，根源。

⑤ 徼：音 jiào，边际边界。

⑥ 玄：深奥、微妙。

⑦ 众妙之门：一切奥妙变化的总门径。

◎ 直译

道，如果可以用言语说出来，就不是正常的、普通的道。道的名字也是可以表述出来的，但它也不是正常的、普通的名。道本无名无形，但它却是天地万物的开始，是天地万物的根源。道无欲虚空，可以观察天地万物的微妙。有生于无，有则有欲，我可以观察万物的边际；“始”与“母”同时产生于玄妙，虽然名字不同，但都很玄妙，众妙皆从“始”与“母”同出，实在是玄之又玄，这也是一切奥妙变化的总门径。

◎ 讲解

这是全书的第一章，究竟什么是道，这是一个模糊的概念。“道可道，非常道”，能表述出来的道，不是正常的、普通的道。道本无，无声，无形，看不见，摸不着，但它在天地形成之前就有了，是什么呢？老子没有直接说出来。实际上，世界上的所有事物都存在“道”，庄子说：“道在稊稗（各种野生植物），在瓦甓（瓦块砖头），在屎溺。”它是天地万物的本源，是左右天地万物变化的根本，就是“自然”。

其次，说到“名”，这又是本章涉及的另一个概念，道本无名，强要给它命名，那也不是正常的、一般的名。

道生万物，不能没有名。在这里，我们可以体悟出，“名”，实在讲的是“道”的运用，道与名的关系是体与用的关系。无名的道体，产生了天地有名的万物。道生一，一生二（阴阳），二生三，三生万物，故说“道”是天地万物之母。从“无”的观点看，我们可以看到“道”的妙处；从“有”的观点看，可以感悟到“有”中有“道”的边际，这正是“无”的精妙之处，在世间万事万物上都能看到“道”的存在。因此，“有”和“无”虽然是两面，实际上“此两者同”，观“无”，“无”中含有造化万物之奥妙；观“有”，其中含有虚无微妙的“道”的存在；两者同为一体，“无”生“有”，“有”显“无”，相互映衬，才形成这个精彩的世界，这种关系玄妙深远，绕来绕去，确实很玄，而天地又是在这种“玄之又玄”之中不断发展的，而这一切，正是滋养万物总的门径。

二章

◎ 原文

天下皆知美之为美[①]，斯[②]恶[③]已；皆知善之为善，斯不善已。故有无之相生，难易之相成，长短之相形，高下之相倾，音声之相和，前后之相随。

是以圣人处无为之事，行不言之教[④]，万物作焉而不辞，生而不有，为而不恃，功成不居。夫惟不居，是以不去。

注释：

① 美之为美：美之，以之为美，认为那个人很美；为美，仿照那个美的样子去作美。

② 斯：指代，这。

③ 恶：音 wù，讨厌。

④ 不言之教：不用政令指挥百姓。

◎ 直译

天下人都知道赞扬美，却有人刻意打扮成美的样子，这就令人恶心了；赞扬“善”却又刻意做善事，以求善名，这就是不善了；同样的道理，有无相生，难易相成，高下相倾，音声相和，前后相随，都是自然的，是相互依存的，去掉一方，另一个就不存在。

因此，有最高道德的圣人处“无为”的境界，不会用政令指挥百姓去改变现存的一切，万物蓬勃发展，他们不辞辛劳，成功了不占有，不恃功。因为这是自然的正常运动，懂得这个道理，功成不居，因此，这样的人得到人们的拥戴。

◎ 讲解

本章一开头就讲“天下皆知美之为美，斯恶已；皆知善之为善，斯不善已”，美的东西变得令人讨厌了，善的行为变得不善了，根本的原因就是“为美”“为善”，也就是刻意地模仿美的、善的。从古时的东施效颦，到今天的整形美容，无不欲形其丑，令人恶心。至于刻意“为善”，也不乏其例。报载，有人从水中救了一个小孩，这个善举，得到了大家的赞誉，而又有人整天在水边游荡，等待着小孩落水。美丑善恶就是这样走向了它的反面。美与丑，善与恶，是这样，推而广之，有与无，难与易，高与下，音与声，前与后，也是一样的，自然有自然的法则，有自己的规律，不能刻意去改变，如果加以外力，事物就向它的对立面转化，甚至毁灭万物。“揠苗助长”就是讽刺这种刻意“为之”的行为的。

自然万物的成长，人们都应取“无为”的态度，任他成长，把种子撒在地里，母牛哺育小牛，任他们自由地自生自长，以至自长自灭。

因此，圣人只要“无为”处事，不按自己的意愿办事，不按政令办事，不任意“为之”，万事万物会按照自己的规律生长。万物长好了，不据为己有，也不把其看作自己的功劳。不占有，功劳就会永久。

三章

◎ 原文

不尚①贤，使民不争；不贵难得之货②，使民不为盗；不见可欲，使心不乱。是以圣人之治，虚③其心，实其腹，弱其志，强其骨，常使民无知无欲，使夫知者不敢为也。为无为④，则无不治。

注释：

① 尚：崇尚、看重。

② 不贵难得之货：贵，形容词用作动词，以(之)……为贵；不以难得之货为贵。

③ 虚：形容词用作动词，使动，使其心虚。后面的“实”“弱”“强”，都是形容词用作动词。

④ 为无为：指无私、无欲地去“为”，去做。

◎ 直译

不推荐有才德的人，使百姓不互相争夺；不珍爱难得的货物，使百姓不去偷窃；不显耀足以引起贪心的事物，使民心不被迷惑。因此，圣人的治理原则是：排除百姓非分的心理，填饱他们的肚子，减弱百姓竞争的意图，增强他们的筋骨体魄，使百姓没有智巧，没有欲望，使那些有才智的人也不敢妄为生事。按照“无为”的原则办事，顺应自然，那么天下就没有治理不好的。

◎ 讲解

这一章讲的是人君如何治理国家。老子认为，要治理好国家，要让百姓返璞守淳，遵循天道，做自己该做的事情。如果推崇贤才，则人人争名夺利，必有伪善，国家就会混乱；如果以珍珠玛瑙为珍贵，就有利可图，人人想争而得之，就会有人行偷盗之事。人君不要推崇和看重这些，不要让百姓有争名夺利的欲望，人君治理国家，要使百姓清心少欲，甘其食，美其服，用各种方法引导他们减少争名夺利的思想；这样，百姓体强骨坚、依时耕作，没有不知足，也没有求而不得的欲望；每个人做该做的事，一切顺其自然。即使是聪明、有知识、有技能的人，也不敢违自然规律，这样，国家就没有治理不好的，这就是老子所说的无为而治，人和物都依照天道规律行事。

四章

◎ 原文

道冲①而用之，或不盈②。渊兮似万物之宗③。挫其锐④，解其纷，和其光⑤，同其尘⑥。湛兮⑦似或存。吾不知其谁之子，象帝之先。

注释：

① 冲：音 chōng，通“盅”，器物虚空，比喻空虚。
② 盈：满。
③ 宗：祖宗，祖先，万物归依处。
④ 挫其锐：挫，消磨；锐，锐利、锋利。
⑤ 和其光：调和、隐蔽它的光芒。
⑥ 同其尘：把自己混同于尘俗。
⑦ 湛：音 zhàn，沉没，隐没。

◎ 直译

大道空虚无形，但它的作用无穷无尽，它永不盈满，它像深渊、海洋一样啊，是世间万物的归依的去处。挫动人的锐气和锋芒，解开各种纷扰，调和人炫耀的光芒，让它混同于尘垢。沉寂啊，它又确实存在，我不知道它是谁的后代，好像是天帝的祖先。

◎ 讲解

本章是赞颂无形无名的大道，虽然看不见，摸不着，但它充盈在天地万物之间，谁也离不开它。它像深渊的海洋一样，从不自满；它先天地而生，是世间万物的先祖。说到它的用处，用了“锉”“解”“和”“同”四个字，懂得了道的玄妙，什么问题都能得到解决。青年都有刚强好斗的特点，没有什么人能挫动他的锐气，如果他懂得了道，锐气就会自消。年轻时的张良，血气方刚，胸怀大志，当时谁也无法挫动他的锐气，后来，他遇到了圯（yí）上老人，老人教他以无形无名的大道，能做到功成身退，是汉高祖时代为数不多的能善终的功臣。有人说得到老子真传的只有两个人，一个是庄子，一个是子房。

纷，就是百姓之间的纷扰、纠纷，是是非非，无人能解，只要把握天地自然的“无为”，就没有解不开的纠纷。

光，这里是指炫耀自己，资才外露，只有天地之道会叫人韬光养晦，光而不露，所谓大智若愚、大巧若拙。懂得大道之后，就能和大众混为一体，这就是“同其尘”。“湛兮”，隐没啊，它又确实客观存在。

从这一章，我们认识到，掌握了“道”，掌握了事物的规律，就能精准地理解这个世界，掌握自己的命运。

五章

◎ 原文

天地不仁，以万物为刍狗[①]；圣人不仁，以百姓为刍狗。天地之间，其犹橐龠[②]乎？虚而不屈[③]，动而愈出。多言数穷[④]，不如守中[⑤]。

注释：

① 刍狗：刍，音 chú；用草扎成的狗，古代祭祀用，用完即丢弃。

② 犹橐龠：犹，好像；橐龠，音 tuó yuè，古代冶炼时为炉火鼓风用的助燃器具，即袋囊和送风管，是古代的风箱。

③ 屈：竭尽，穷尽。

④ 多言数穷：言，语言，这里引申为政令；数通“速”，是加快的意思；穷，困穷，尽头，无路可走。本句意思是，政令法规越多，就会使老百姓愈加贫穷。

⑤ 守中：中，通“冲”，指内心的虚静。守中，守住虚静，守住“道”。

◎ 直译

天地是没有仁慈、爱恨的，对待万物就像对待刍狗一样，能发挥它该有的作用即可，作用发挥完了，任其自生自灭。圣人同样没有仁爱之心，对待百姓就像对待刍狗一样，任他们自己作息，各尽其能。天地之间，就像一个冶炼的风箱，空虚的，却没有穷尽，越鼓动，风就越大，生生不息。政令越多，就使民迷蒙，就会使人加速走向竭境，越来越困惑，而不如保持内心的虚静。

◎ 讲解

天地只管万物的生长、繁衍。无生有，有呢，由一生二，二生三，三生万物。它没有怜悯、仁爱之心，它把天地万物都看成用草扎成的狗一样，不偏不倚，一视同仁，任其自生自灭。圣人在治理国家的时候呢，按理该有仁爱之心，但一切都一视同仁，让百姓日出而作，日落而息，自己打猎，自己安排自己的一切活动。圣人是真正领会老子所讲“道”之内涵的。其实天地之间的一切事物的活动，就像一个冶炼用的大风箱，里面是空虚的、平静的，绝不会有什么损耗，可以生生不息；你鼓动它，风就越大，与“仁”“爱”没有任何关系。国君如果政令太过频繁，话说得太多，只能使整个国家越来越困惑，让百姓手足失措，无所适从；与其过多陈说与发号施令，不如守住内心的虚静、安宁，无为而治。

本章赞美天地、圣人可贵的大公无私的精神，“道”对天地万物一视同仁，圣人对亲戚朋友也一视同仁，没有私心，没有偏爱，这对于管理国家的人特别重要。

六章

◎ 原文

谷[①]神不死，是谓玄[②]牝[③]。玄牝之门，是谓天地之根。绵绵若存！用之不勤[④]。

注释：

① 谷：山谷，泉水交汇处，两山之间必有一谷。

② 玄：原意是深黑色，有深远、神秘、微妙难测的意思。

③ 牝：音 pìn，指雌性牲畜，与牡相对应，山陵为牡，山谷为牝。

④ 勤：尽。

◎ 直译

神秘而空虚的幽远山谷不被堵塞，山涧泉水就会永不停歇地流淌、变化，这就像母性牲畜的神奇的生殖、繁育能力。玄妙的母性牲畜的生命之门，是天地万物生命发生的根源。它绵绵不绝又隐秘难现，它的功用永不枯竭。

◎ 讲解

老子在这里用“谷神”来象征“道”，说明道看起来好像是虚空的，又是确确实实存在的。道生万物，延绵不绝，用“玄牝之门”比喻道是产生万事万物的根源，它无处不在，无穷无尽。你看神秘的山谷两旁，森林茂密，山谷中水草丛生，一条清澈的溪流，泉水汩汩而下，永不枯竭。溪水的出口，老子比喻成玄牝之门，也就是母性牲畜的生命之门，是万事万物的总根源，它绵绵不息，无物不存，不须劳累与操作，这就叫作永远不会枯竭。

七章

◎ 原文

天长地久，天地之所以能长且久者①，以其②不自生③也，故能长生。是以圣人后其身④，而身先；外其身，而身存。以其无私，故能成其私。

注解：

① 所以……者：古汉语中设问的固定格式，本文意思是，天地长久是什么原因呢？

② 以其：以，因为；其，它。

③ 不自生：不为自己生存。

④ 后其身：此处为意动用法，后，动词，以其身为后；外其身，也是此种用法。

◎ 直译

天长地久，天地所以能长久存在，是因为它们不是为了自己的生存而自然地运行着，所以能长久存在。因此，有道的圣人遇事谦让无争，反而能在众人中领先，将自己置之度外，反而能保全自身的生存。这不正是因为他无私吗？所以能成就他自身。

◎ 讲解

天地长久，万古不息。天地存在长且久的原因是什么？因为它不是为了自己的私利而生，所以能长久地存在。懂得不为个人私利而生的道理，因此，圣人把自身存在和个人私利放在后面，而遇到一切艰难的事情时，走在众人的前面，身先士卒。不考虑自身的任何利益，为天下大众谋福利，这种人一定会得到天下人的拥戴；即使为大众利益牺牲了生命（肉体），他所遵循的道，他所成就的事业，永远存在于天下大众的心里，会永垂不朽，这是因为圣人没有关乎个人切身利益的私欲，反而成就了他为大众谋福利的愿望。

八章

◎ 原文

上善若水。水善利万物，而不争，处众人之所恶[①]，故几[②]于道。居善地，心善渊，与善仁，言善信，政善治，事善能，动善时[③]。夫唯不争，故无尤[④]。

注释：

① 处众人之所恶：居处在一般人厌恶的地方。
② 几：接近。
③ 动善时：时，时机；指善于把握时机。
④ 尤：过失，怨恨。

◎ 直译

最善的人就好像水一样。水善于滋养万物，而不与万物相争。水处于众人不喜欢的低下之处，所以它最接近“道”了。上善之人随处而安，哪里都是善地；心胸广阔善于包容，与人相处和谐而仁爱；说话笃实，诚实为上；治理国家很有办法，办事能力超常，他的行动按自然规则，善于掌握火候，他像水一样不争。因此，这种上善之人没有过失。

◎ 讲解

本章讲有道之人必须有水的本性。

上善若水，是指有最高道德之人，他的为人就像水一样，无私无欲，不争不贪，处低下地位，一心只利万物，这种品德就是“道”所要求具备的。接着，老子把“上善之人”在言行举止方面的特点进行了概括：他们的居处，他们的心态，他们与人相处，他们的语言，他们治理国家，他们的办事能力，他们把握时机。这种人胸怀博大，包容万物，他们的心是“渊”，渊纳百川，兼容并包。上善之人最可贵的是“心善渊”，有了海一样的胸怀，居处到处都善，与人相交，以仁义相待，说话诚信，从政有方，能力超群，而且能够待时而动，这种人从“道”出发，所有的行动都是“利万物”，这种上善之人就是有道之人，有道就“无尤”，“无尤”就为人所拥。

九章

◎ 原文

持[①]而盈之[②]，不如其已[③]。揣而锐之[④]，不可长保。金玉满堂，莫之能守。富贵而骄，自遗其咎[⑤]。功成、名遂、身退，天之道也。

注释：

① 持：把、拿。
② 盈之：使之满。
③ 已：音 yǐ，停止。
④ 揣而锐之：揣，同“捶”；捶打使其锋利。
⑤ 自遗其咎：遗，留下；自己遭人责备。

◎ 直译

拿水杯倒水，水已经满了，溢出来了，不如马上停止。用锤子捶打金属使其锋利，锋芒毕露的锐势不可能长久保持。发了财，家里堆满了金银财宝等贵重货物，不可能长久守得住。财富显赫或官位显贵，就飞扬跋扈，骄横不可一世，这是自己在招惹祸殃。功成名就之后就急流勇退，这就是天地之间道的规律。

◎ 讲解

谦受益，满招损。这是千百年来无数事实证明了的普遍真理。老子在这里举了两个例子：往杯子倒水，满了，就要停止，溢出来了就不好；捶打兵器，已经很锋利了，只能用一时，不可能保持长久。财富聚集多了，最后也是身死财散，“在世只恨聚无多，待到多时闭眼了”；位极人臣，目空一切，骄横一世，其结果必然是自受其害。

老子最后作结论说，功成名就，急流勇退，这才完全符合大自然的规律。

十章

◎ 原文

载[①]营魄[②]抱一[③]，能无离乎？专气致柔[④]，能如婴儿乎？涤除玄览[⑤]，能无疵[⑥]乎？爱民治国，能无为乎？天门[⑦]开阖，能无雌[⑧]乎？明白四达[⑨]，能无知乎？生之畜之，生而不有，为而不恃，长而不宰，是谓玄德[⑩]。

注释：

① 载：发语词，与夫（fú）同。
② 营魄：营，同“魂”，通假字；即魂魄，魂为物为形，魄为精为神。
③ 抱一：合成一体。
④ 专气致柔：专气，任气、养气；人自然之气，达到自然的柔和。
⑤ 玄览：玄，深邃、奥妙；览，铜鉴、镜子。
⑥ 疵：瑕疵。
⑦ 天门：自然之门，自然生太极，太极生天地，天地生阴阳，阴阳生万物，是为无为。
⑧ 雌：原指动物的母体，这里引申为安静、宁静。
⑨ 明白四达：内修身、外治国，内外通达。
⑩ 玄德：最神秘而深邃的德性。

◎ 直译

形神合一，能不分离吗？聚集修养精气，能达到自然柔和、温顺，像婴儿一样无欲的状态吗？清除杂念，内心自照，能没有瑕疵吗？爱民如赤子，使其各任其事，各安其生，能遵守自然无为而治的规律吗？自然之门的运行与停止，能安宁吗？修身治国，能内外通达吗？让天地万物自生自长，人君不费力，也不占有，虽是万事万物的长官，却又不主宰他们的命运，这就是最神秘而深邃的德性。

◎ 讲解

这一章讲修身治国的基本要求，就是把道在其中的具体运用所做的几点总结，对一般人和统治者都适用，六个疑问本身就是答案。

能无离乎？能如婴儿乎？能无疵乎？这三个疑问是讲个人修养，第一条讲形神任何时候都不能分离，神不守舍、心口不一是不行的；第二条讲养气，专守精气而不乱，任其自然之气存于心中，能达到柔和、温顺，就像没有任何欲望的婴儿一样；第三条讲涤除杂念，保持心灵的纯净像镜子一样明亮、干净，明照内心深处，没有任何瑕疵。

能无为乎？能无雌乎？能无知乎？是讲治国安民的要求。一是讲无为，要想实现无为而治，就要爱民、尊民，不搞瞎指挥，任由百姓自耕自种，各任其事；二是讲自然之门，就像人的口鼻一样，自开自合，不塞其源，不禁其性，让他自然宁静地作息；三是讲明白四达，能内外通达，智慧具足。

做到了上面六点，百姓会自生自养，各任其事，日出而作，日入而息。有功绩的人，不依恃，不霸道，即使是人君，也不能按自己的意志主宰百姓的命运，这就是最高层次的德性。

十一章

◎ 原文

三十辐[①]共一毂[②]，当其无，有车之用。埏[③]埴[④]以为器，当其无，有器之用。凿户牖[⑤]以为室，当其无，有室之用。故有之以为利，无之以为用。

注释：

① 辐：车轮中连接轴心和轮圈的木条，古代的车轮由三十根辐条构成，此数取法于每月三十日的历法。

② 毂：音 gǔ，是车轮中心的木制圆圈，中有圆孔，即插轴的地方。

③ 埏：音 shān，用水和泥土。

④ 埴：音 zhí，黏土。

⑤ 户牖：音 hù yǒu，门窗。

◎ 直译

三十根辐条汇集到一根毂中的孔洞当中，有了车毂中空的地方，才有车的作用。揉陶土做成器皿，有了器具中空的地方，才能盛装食物，才有器皿的作用。开凿门窗建造房屋，有了门、窗、四壁内的空虚部分，才有房屋的作用。所以，呈现出“有”的部分，给人好处，有实用价值；因为空无部分的客观存在，才呈现“有”的好处、价值，最终还是“无”在发挥作用。

◎ 讲解

本文以实讲虚，通过具体事例，表达同一个思想。有了车毂中空的地方，才可以发挥车的用途；做成陶器，那空无的部分，才能盛装东西，发挥器皿的作用；门、窗、壁中间房屋空着的地方，才能住人。这样的例子可以说俯拾即是。舀水的瓢，只有中间空着，才可以用；用空手才可以捧水喝；世间万物，只有虚的部分，才有实用价值。老子在文中连用了三个“当其无”，因为只有虚无，才能转化为有用。至于车上加以纹饰，陶器上绘上花卉，把房子装得富丽堂皇，对它们应发挥的用途毫无意义，纯粹是劳民伤财。物品之“有”“无”的特性，其实人也一样，人只有“无我”的状态、谦虚的胸怀可以接受新知识、接纳新事物，才有利于个人、社会与国家的进步。就是说，有无配合，万物皆有用。

十二章

◎ 原文

五色[①]令人目盲；五音[②]令人耳聋；五味令人口爽[③]；驰骋畋猎[④]，令人心发狂；难得之货，令人行妨[⑤]；是以圣人为腹不为目[⑥]，故去彼取此[⑦]。

注释：

① 五色：指青、黄、蓝、白、紫；此指色彩多样。
② 五音：指宫、商、角、徵、羽；这里指多种多样的音乐声。
③ 爽：违背、差失。
④ 畋猎：畋，音 tián，打猎的意思；打猎获取动物。
⑤ 令人行妨：妨，伤害；伤害人的品行。
⑥ 为腹不为目：只求温饱安宁，而不纵情声色。
⑦ 去彼取此：摒弃物欲诱惑而保持安定知足的生活。

◎ 直译

各种杂乱无章的颜色，晃来晃去，令人眼花缭乱，什么也看不清。乱七八糟的各种音乐混杂，振聋发聩，什么也听不到；各种味道酸甜苦辣咸，吃到嘴里，口里什么味道都不是。放马驰骋奔跑打猎，令人心智混乱，行为疯狂。为了追逐难得之货，利令智昏，失去了做人的正常操守。道德高尚的人只追求内在的实际需求，如吃饱穿暖，不为外表好看。人的物质欲望害人不浅，必须摒弃，返回到人的本质，吃饱穿暖。

◎ 讲解

老子之道是无欲之道，自然之道，无目的，无意识。一般人不同，有心灵、有意识、有爱好、有欲求，贪恋物质享受和感官享受，但应该有个度，不能太过分。看到美丽的色彩，听到离奇古怪的声音，想到各种世间少有的东西，就利令智昏，都想占为己有。可“万椽之屋，夜眠七尺；良田万顷，日食三餐”。按照老子的观点，人的基本需求就是，吃饱、穿暖，有房住足矣。多余的只能害了自己，使自己失去做人的本性。因此，学《道德经》的人，必须断绝声色欲、口舌欲、占有欲、炫耀欲等，还人的自然本色，这就是本章的宗旨。

十三章

◎ 原文

宠辱[①]若惊，贵大患若身[②]。何谓宠辱若惊？宠为下，得之若惊，失之若惊，是谓宠辱若惊。何谓贵大患若身？吾所以有大患者，为吾有身，及吾无身，吾有何患[③]？故贵以身为天下者，则可以寄于天下；爱以身为天下者，乃可以托于天下。

注释：

① 宠辱：荣宠和侮辱。

② 贵大患若身：贵，珍贵，这里作“重视”解释；重视大患就像重视自己的身体一样。

③ 及吾无身，吾有何患：如果我没有身体，有什么大患可言呢？

◎ 直译

得到宠爱和受到侮辱都好像感到惊慌，把大患看得与自身生命一样珍贵。什么叫作得宠和受辱都感到惊慌失措呢？得宠是卑下的，得到宠爱感到格外惊喜，失去宠爱则令人惊慌不安，这就叫作得宠和受辱都感到惊恐。什么叫作重视大患就像重视自身的生命一样呢？我之所以有大患，是因为我有身体，如果我没有身体，我还会有什么祸患呢？所以，珍惜自己的身体是为了治理天下，天下就可以托付给他；爱惜自己的身体是为了治理天下，天下就可以依靠他了。

◎ 讲解

一般人对于自身的宠辱荣耀十分看重，甚至有的人只看重身外的荣辱，而不看重自身的尊严，把宠辱置于生命之上。人生在世，为的是什么，有的人认为就是福禄寿禧，可以为了荣辱不顾生命，不顾一切；因为它可以光耀门庭、光前裕后，享受不尽的荣华富贵，这些在世人的眼中就是成功人士的标志。在老子看来，这些人的行为举止，离“道”已经太远了，大错特错。因为得宠和受辱损害了人的尊严，丧失了堂堂正正的人格；站得直、坐得稳，自己虽然没有受宠的荣耀，但谁也不能侮辱他，真正的宠辱不惊，他的人格尊严便会受人称赞。范仲淹在《岳阳楼记》的结尾说“先天下之忧而忧，后天下之乐而乐”，这是一种有社会责任、有担当的宠辱不惊的思想境界。有的人对人的这种境界不理解，认为大公无私的人是傻子，总把个人的荣辱放在自身的生命之上，这种人终归要失败。

老子说“贵以身为天下者，则可以寄于天下；爱以身为天下者，乃可以托于天下”，这是一个辩证的关系，以天下为己任，大公无私，得到的回报会更丰厚，那就是社会把权力和地位交给他，他有了权力和地位，可以更大范围地造福人民、造福社会，社会把更大的权力和更高的地位给他，有了更大的权力和更高的地位后，又可以为社会作出更大的贡献，社会会授予他更崇高的荣誉，他会成为这个社会最理想的治理者。

十四章

◎ 原文

视之不见名曰夷[①]；听之不闻名曰希[②]；搏之不得名曰微[③]。此三者不可致诘[④]，故混而为一。其上不皦[⑤]，其下不昧[⑥]，绳绳[⑦]兮不可名，复归于无物。是谓无状之状，无物之象，是谓惚恍[⑧]。迎之不见其首，随之不见其后。执古之道，以御今之有，能知古始[⑨]，是谓道纪[⑩]。

注释：

① 夷：无色。
② 希：无声。
③ 微：无形。
④ 致诘：诘，音 jié，意为追问、究问、反问；致诘意为思议。
⑤ 皦：音 jiǎo，清白、清晰、光明之意。
⑥ 昧：阴暗。
⑦ 绳绳：不清楚，纷纭不绝。
⑧ 惚恍：若有若无，闪烁不定。
⑨ 古始：宇宙的开始。
⑩ 道纪：道的纲纪，指道的运行规律。

◎ 直译

看它看不见，叫作“夷”；听它听不到，叫作“希”；摸它摸不到，叫作“微”。这三者的形状不可思议，它们原是浑然一体的，即“道”。它的上面不光亮、不清晰；它的下面不阴暗、不晦涩，虽然延绵不绝，却又不可称名，一切好像回复到无形无状的状态，这就是“无”之形态，这就是道统的无象之象、无状之状，而无状无象之中好像有物，这叫“惚恍”。对面迎着它，看不见它的头，后面跟着它，看不见它的尾，但它确实存在。把握古“道”之精髓，来驾驭现在的事物，能认识、了解宇宙初始的道统，这就叫作懂得了“道”的规律。

◎ 讲解

本章讲“道”体虚无。看不见，听不到，触摸不着，也就是无名无形。天地万物正是在这恍恍惚惚中生育长大，形成了今天的世界。三者混而为一，一就是道，复归于“无物”。无物、无形正是道的形态，这些表面现象都是盘古开天辟地之时，人们对道、对自然界的模糊认识，但正是这些认识证明了，道，无形无名的道，确是天地万物之宗。老子告诫治理天下之人，要顺应自古以来无形无名之道来行事，不为名，不为利，不占有，不居功，来治理国家。古道虽远，其道长存不衰，其治必顺，这就是掌握了“道”的规律。

十五章

◎ 原文

古之善为道者，微妙玄通[①]，深不可识。夫唯不可识，故强为之容；豫兮[②]若冬涉川[③]；犹兮若畏四邻；俨兮[④]其若客；涣兮[⑤]其若冰之将释；敦兮[⑥]其若朴；旷兮[⑦]其若谷；浑兮其若浊[⑧]；孰能浊以静之徐清？孰能安以久动之徐生？保此道者不欲盈。夫唯不盈，故能蔽[⑨]不新成。

注释：

① 微妙玄通：精微奥妙；玄，指天，玄通指通天地。
② 豫兮：豫，原是野兽的名称，性多疑虑；这里指迟疑慎重的样子。
③ 涉川：过河。
④ 俨兮：形容端庄恭敬的样子。
⑤ 涣：新鲜貌。
⑥ 敦兮：敦厚、老实的样子。
⑦ 旷兮：形容心胸开阔的样子。
⑧ 浑兮其若浊：形容浑厚纯朴。
⑨ 蔽：旧的东西。

◎ 直译

古时候善于行道之人，精微奥妙，通晓天地，不是一般人可以理解的。正因为不能理解他、不认识他，所以只能勉强地形容他：他小心谨慎啊，好像冬天踩着水过河；他举止分明，从容不迫，敬畏四邻；他端庄严肃、谦恭有礼，好像要去做客一样；他精神焕发，好像阳光融化冰雪一样，生机勃勃；他敦厚笃实，显出质朴的本色；他旷远豁达，好像深幽的山谷；他浑厚宽容，好像不清的浊水。谁能使浑浊的水慢慢澄清？谁能使安静充满生机？保持这个“道”的人不会自满。正因为他从不自满，所以能够长久地保持“道”，而不追求新的功名。

◎ 讲解

本章讲圣人把握了“道”的深沉玄妙，因而形、神都是做人的榜样。身怀“虚”“无”之道，行止神态难以用具体形态描述。先看他的行动：“冬涉川”“畏”“俨”。冬天过河，他迟疑，因为不知道河水的深浅，冰的厚薄；一个“畏”字，写出他谨慎，因而谦恭有礼，文质彬彬；“俨”，端庄严肃，气宇轩昂，像赴宴做客一样，一点也不能马虎。下面写他的神态：精神焕发时，像春光化冰，生机勃勃；为人敦厚，显出质朴的本色；胸怀豁达，却又虚怀若谷；憨厚鲁钝，像普通人一样，不追求新的东西，这就是和光同尘，故难形容也。

老子认为要坚持道，并教我们坚持的方法，就是“不欲盈”，不自满。一般人难以做到不自满，往往贪得无厌，不知止，更不知足，水满则溢，绝没有好下场。最后，老子以新旧作结，蔽，旧也，旧的东西保持长久，能耐各种磨损，而新成的东西，虽一时之新鲜，却容易损坏、损耗。只有知足，才永不觉得失去什么，蔽而持之，虽无新成的名利，却可以长久据有。意思是，只要坚持老子之道，就永不有失。

十六章

◎ 原文

致[①]虚极，守静笃[②]；万物并作，吾以观其复[③]。夫物芸芸，各复[④]归其根。归根曰静，静曰复[⑤]命。复命曰常[⑥]，知常曰明。不知常，妄作，凶。知常容，容乃公，公乃王，王乃天，天乃道，道乃久，没身不殆。

注释：

① 致：达到。
② 笃：实在、真实。
③ 复：心不妄动的状态，生命的本性。
④⑤ 复：返还、回归。
⑥ 常：恒久、永恒不变的规律。

◎ 直译

尽力使心灵的虚无状态达到极点，保持住实在的清静。天地万物蓬勃地生长，我从而考察它们由动变静的状态。万物生长，最后各自返回到它的根本，即“无”的状态。返回到它的根本叫作清静；清静又叫作返回到生命根本的状态；返回到生命根本的状态叫作自然界永恒不变的规律；认识了自然界永恒不变的规律，就叫作聪明；不认识自然界规律的人，很容易轻举妄动，往往会因此闹出乱子、遭受凶灾。懂得自然界规律的人就会无所不容，无所不容就会坦然、公正，公正就会处事周全，处事周全才符合自然的“道”。处事符合自然的道，才能长久生存，终生不会遇到任何危险。

◎ 讲解

老子这一章讲“得道”的方法，就是“守静”；而且天地之间的一切都是“虚”“无”的极静；笃，实在也，实实在在的清静。尽管万物生长是动态，但我看不到它的动态，只看到归复于静态的过程，“有”归复于“无”的形态。人只要静下来，就能看懂周围的一切，静态才是自然的规律，长久地保持清静，人就会变得聪明。反过来说，你不懂自然规律，不能清静无为，就会轻举妄动，就会遭到大自然的惩罚，祸患、灾难就会到来。懂得大自然的规律，有容乃大，就会包容一切，这样，你就会大公无私，坦坦荡荡处事、处世，你的心与天地相通，你的身体、行为、思想就不会遭到任何危险。

年纪大了的人，都讲修身养性，老子告诉我们要静，要清静无为，这也是我们的养生之道。

微信扫码

• 道德经朗读

• 趣说道德经

• 中华经典讲读

• 读书笔记

十七章

◎ 原文

太上[①]，下知有之。其次，亲而誉之。其次，畏之。其次，侮之。信有不足，有不信。犹兮[②]其贵言[③]。功成事遂，百姓皆谓我自然。

注释：

① 太上：最高级别的统治者。
② 犹兮：一作“悠兮”，悠闲自在的样子。
③ 贵言：谨慎地发号施令。

◎ 直译

最好的统治者，人民只知有他的存在；其次的统治者，人民亲近他并赞美他；再差点的统治者，人民惧怕他；最差的统治者，人民蔑视他。统治者诚信不足，人民才不相信他；最好的统治者多么的悠闲自得，他很少发号施令，事情就办成功了，百姓说，我们本来就这个样子啊。

◎ 讲解

远古时的君主治理天下，任其自然，百姓各管自家生计，没有被统治的感觉，只知道有个君主而已。这种治理国家的方式，随着私有制的产生，统治者用“仁义”道德来教化百姓，百姓感受到他的仁和义，就称赞他；社会再往后，就产生了刑法、禁令，百姓就害怕他；再后来，那些贪权夺利之徒当了统治者，以欺诈为事，鱼肉百姓，百姓敢怒不敢言，就蔑视他。“君之视臣如土芥，臣之视君如寇仇”，统治者失去了诚信，百姓根本就不信他的那一套。

回过头来再看远古时代的君主，他们多么的悠闲自得，他们不对百姓指指点点，不随便发号施令，而事情都顺利地办成了，老百姓说“我们本来就这个样子”，老百姓自自然然、无所拘束。本章讲的是，统治者要学上古君主，无为而治。

十八章

◎ 原文

大道废，有仁义；智慧出，有大伪[①]；六亲[②]不和，有孝慈；国家昏乱，有忠臣。

注释：

① 伪：欺诈，虚假。

② 六亲：父子、夫妇、兄弟。

◎ 直译

治理国家的“无为而治”的大道被废弃了，才有人提倡仁义；聪明智巧的出现，导致了人与人之间的尔虞我诈、弄虚作假；家里不和睦，出现纠纷，才出现父慈子孝；国家陷于混乱，才出现忠臣。

◎ 讲解

世道江河日下，才出现了下面几种现象：老子的大道的核心是无为，无心爱物，而物各得其所。人们有心爱物就会产生亲疏，就有分别心，这是纠纷的根源，产生纠纷才提倡仁义、孝慈，实在太迟了。这里是讲君上治理国家的技巧，什么礼乐、权衡、斗斛等，还有数不清的法令，这些都是国家陷于混乱的根源；从上古来看，古时的人们不懂这些，但民心淳朴，国家井然有序地运行；有了这些制度、法令后，欺诈就出现了。暗地里改变这些权衡、斗斛的标准，弄得社会一片混乱。家庭关系本来是父慈子孝，而为父不慈、为子不孝者大有人在，这才提倡“仁义”，讲“慈孝”，但收效甚微。这样国家内忧外患，人心浮动，一片混乱，虽然出现了一些“忠臣”，但整个世风日下，难挽狂澜于既倒；如果国泰民安，臣子就不会有忠奸之分。

十九章

◎ 原文

绝圣[①]弃智[②]，民利百倍；绝仁弃义，民复孝慈；绝巧弃利，盗贼无有。此三者[③]以为文[④]不足，故令有所属[⑤]；见素[⑥]抱朴[⑦]，少私寡欲。

注释：

① 圣：后世自作聪明的人。
② 智：智巧。
③ 此三者：指圣智（聪明智巧）、仁义、巧利等三件事。
④ 文：文饰，这里指条文、法令。
⑤ 属：归属、适从。
⑥ 素：没有染色的丝。
⑦ 朴：没有雕刻的木条。

◎ 直译

抛弃聪明智巧，人民可得到百倍的利益；抛弃仁义，人民可以恢复孝慈的天性；抛弃巧诈和私利，盗贼也就没有了。“圣智”“仁义”“巧利”这三者作为治理社会的条文、法令是有缺陷的，最根本的是要使人们的思想归属古道。归属于纯洁质朴的本性，才能去掉私欲杂念，才能永无忧患。

◎ 讲解

本章承接第十八章，反复讲“聪明”“智巧”“仁义”不可用，也不能够用来治理国家、治理天下。

后世君主，担心百姓日用不便，制定了斗斛等量谷米之器、秤衡等估量轻重之器、尺寸等测量长短之器。但民风日下，有人因法作奸，把规定的衡器、量器、度器乱行制作，以私利为标准，这样就会祸害百姓；相反，弃而不用，让百姓各行其是，各自安居乐业，百姓自然能享受百倍之利。

再说孝慈，本来是规劝社会上不孝不慈之父子的，因为有人会假装出“仁义”“孝慈”的样子，实际上是不仁不义、不慈不孝；现在把刻意要求人们做到“仁义”“孝慈”的条文、观念全部都抛弃，那么百姓朴素的天性就会恢复到与上古的人们一样。

智、巧，本来是为了安定天下的，现在却成了百姓作乱盗窃的本源。如果把那些法令、条文和规则全部抛弃，就会连盗贼都没有了，这些智巧、仁义已经远离上古时代人们的朴素、纯洁的本性了；现在去掉这些文饰，遵循实实在在的古道，人们浑然朴素，自然就会清心寡欲，各安其所了。

二十章

◎ 原文

绝学无忧。唯之与阿[①]，相去几何？善之与恶，相去若何？人之所畏，不可不畏。荒兮其未央哉[②]！众人熙熙[③]，如享太牢[④]，如登春台[⑤]。我独泊[⑥]兮其未兆[⑦]，如婴儿之未孩[⑧]；乘乘兮[⑨]若无所归。众人皆有余[⑩]，而我独若遗[⑪]。我愚人[⑫]之心也哉！纯纯兮。俗人昭昭[⑬]，我独昏昏[⑭]。俗人察察[⑮]，我独闷闷[⑯]。澹兮其若海；飂[⑰]兮若无所止。众人皆有以[⑱]，而我独顽且鄙[⑲]。我独异于人，而贵食母[⑳]。

注释：

① 唯之与阿：唯，诺也，下（卑）对上（尊）恭敬地答应，声音低而速度快；阿，上（尊）对下（卑）怠慢（傲慢）地答应，声音高且速度慢；唯的声音低，阿的声音高，这是区别尊贵与卑贱的用语。

② 荒兮其未央哉：荒兮，广漠、遥远的样子；其……哉，语气助词；未央，未尽、未完。

③ 熙熙：快乐、融和，用以形容纵情奔欲、兴高采烈的情状。

④ 太牢：指古代祭祀用的牛、羊、猪三牲，这里指丰盛的宴席。

⑤ 春台：春天登上高台，意志淫淫然。

⑥ 泊：淡泊，恬静。

⑦ 未兆：没有征兆、没有预感和迹象。

⑧ 婴儿之未孩：孩，同“咳”，婴儿的笑声。

⑨ 乘乘兮：泛泛地游、走。

⑩ 有余：有多余，有丰盛的财货。

⑪ 遗：丢失、不足。

⑫ 愚人：淳朴、直率的样子。

⑬ 昭昭：智巧聪明的样子。

⑭ 昏昏：愚钝的样子。

⑮ 察察：考察，严厉苛刻的考察。

⑯ 闷闷：憨厚、诚实的样子。

⑰ 飂：同“飕”，急风。

⑱ 有以：有为，有用，有本领。

⑲ 顽且鄙：愚陋、笨拙。

⑳ 贵食母：母喻“道”，道是生育天地万物之母，此意为守道为贵。

◎ 直译

断绝现世推崇、流行的圣学，就会没有忧患。恭敬的应诺与傲慢的呵斥，相距有多远？美好与丑恶，相差有多远？人们所畏惧、害怕的，不能不惧怕，这风气，由来已经久远了，还远没有到尽头，没有完结的时候。众人熙熙攘攘、兴高采烈，如同参加盛大的宴会，如春天登上高台，眺望远方的美景；而我独自淡泊、宁静，无动于衷，就像婴儿一样不会发出嬉笑声音，我泛泛地、漫无目的地走，像浪子一样没有归属。众人的财、货绰绰有余，而我却什么都不够，我真是只有一颗愚笨的人心啦，混混沌沌；众人光辉耀眼，唯独我糊糊涂涂；众人都严厉、苛刻，明察秋毫，唯独我醇厚宽宏；我淡泊一切，像在大海中乘船漂流无边无际， 也像飓风一样无所止息。众人都有精明强干的本领，唯独我愚昧而笨拙。我真的不同于众人，我感到最满意的是我“贵求食于母”，大道是天地万物之母，也就是说，我懂得“道”。

◎ 讲解

本章承接上一章的绝圣弃智、绝仁弃义、绝巧弃利，这里的圣、智、仁、义、巧、利是怎么得来的呢？都是学来的，从哪里学来的呢？从后世所谓的“圣人”那里学来的。后圣胸怀功名利禄，终身追逐不止，这些东西已经背离了道，不可用、不可学。不学这些东西，保留“无为”的本性，才能永远没有忧患。

接着老子举三个例子：“唯”与“阿”，上尊下卑，体现在回答、回应人的态度上，不公平；“善”与“恶”的标准，也随着人的身份不同，差异越来越大，也不公平，为学的后圣们，他们的为学在于提高人的心智和技巧，一旦功成名就，他们的本性全无了，他们中的有些人甚至予取予夺，变成了“可畏”之人，对这种人怎么能不畏惧呢？这种情况的发源已经非常遥远且找不到尽头，非常可怕。

下面老子以“我”之名，与“圣”者、“智”者的行为进行了对比：你看，为了追逐名利，后世的“圣智”“智者”，还有学“圣智”之人，即众人，为了名利，他们熙熙攘攘，兴高采烈，好像参加盛大的宴会，像登台眺望远处的风景。而守道的“我”，淡泊宁静、无动于衷，就像闷闷然无知的婴儿；我像乘船泛游，看不到归属。众人仓有余粮，身有余钱，手握大权，而我心执守于道，把这些名利都忘了，在众人看来，我是多么的傻啊！但是，我掌握了“道”，“求食于母”，所以我永远没有忧患。

二十一章

◎ 原文

孔[①]德之容[②]，惟道是从。道之为物，惟恍惟惚[③]。惚兮恍兮，其中有象[④]；恍兮惚兮，其中有物；窈兮冥兮[⑤]，其中有精[⑥]；其精甚真，其中有信。自今及古，其名不去，以阅众甫[⑦]。吾何以知众甫之状哉？以此。

注释：

① 孔：空，引申为大。
② 容：运作的形状。
③ 恍惚：仿佛，若有若无，看不清。
④ 象：形象，具体的像。
⑤ 窈兮冥兮：窈，深远不可见；冥，暗昧，深不可测。
⑥ 精：精妙之处，极细微的物质性的实体，微小中之最微小。
⑦ 以阅众甫：阅，度也，观察；甫，与“父”通，引申为始；本句的意思为，凭他来考察万物的开始本象。

◎ 直译

大德的形态是由“道”决定的。道这个东西没有固定的实体。它是那样虚无恍惚，而它的中间确有形象；它是那样虚无缥缈，而它的中间又确有实物。它是那样深远暗昧啊，中间又确有纯粹的精华。这样的精华是真实存在的，是可以诚实地检验的。从古代到今天，它的名声永远不会消失。我之所以知道万事万物的原始初象，就是凭借这个“道”。

◎ 讲解

本章开头讲“孔德”，其实还是讲“道”，讲道的虚无。讲道之实用，就是讲“德”的运作情形。道无名无形，其中确有象、有物、有精华、有诚信，这是真实的。道本不尚名，这里的名实乃“无名之名”。世间万物皆有名，是外物强加给它的，是假名无实，这种名容易被忘记。王侯将相之名，是从人欲中产生的，才有“古今将相在何方，荒冢一堆草没了”。有道之人不居功，而功名千古。所以真正的圣人，内藏大道之实，外有盛德之容。最后老子说，我怎么知道原始古老的情况是这样子呢？是因为我懂得“道”。

二十二章

◎ 原文

曲则全，枉[①]则直，洼则盈，敝则新，少则得，多则惑。是以圣人抱一[②]为天下式[③]。不自见，故明；不自是，故彰；不自伐，故有功；不自矜，故长。夫唯不争，故天下莫能与之争。古之所谓“曲则全”者，岂虚言哉？诚全而归之。

注释：

① 枉：弯。

② 抱一：一，指道；执守道。

③ 式：榜样、典范。

◎ 直译

委屈才能保全，弯曲才能端正，低洼才能盈满，敝旧才能更新，存少才能得到，过多就会迷惑。因此，有道的人执守大道，成为天下人的典范。不自我表现，反显明智；不自以为是，反而更加彰显；不自我夸耀，反而显得有功绩；不自我矜持、高傲，所以长久。正是因为不争，天下就没有能够与他相争的。古圣贤说的“曲则全”的格言，怎么会是空话呢？确实是能保全自己而归顺大道。

◎ 讲解

本章的核心是讲“曲则全”，一个“曲”字，使我想到了“上善若水”的“水”字，一条小溪柔嫩的水流，顺流而下，或湍或急，或方或圆，均按自身的规律前行，坚硬的石头，横隔的枝节，都不能阻挡它，它不但能保全自己，还能给人们洗涤、饮用、灌溉，以它之所能，滋润天下万物。这样来看，它的功用也“全”了，这就是“曲则全”，这是一切修“道”者的最高境界。紧接着老子用“枉”（弯的木头）能变直，洼（低洼处）才能盈满，旧的可以更换新的，说明“抱一”是上述一切变化的关键，执守“大道”能成全一切事物往好的方向变化，所以能得到人们的尊重，成为人们修道的典范。人们占有的少，所获才能多，占有的多了，人就会变迷惑，都是人们的道行所决定的。那么人们怎样才能“抱一”呢？不好自我表现、表扬，就会明智；不自以为是，你的精神与品德会更加发扬光大、更加彰显；不自我夸耀，更加看出你的功劳、功绩；不高傲、矜持，你才能长久存在。当年韩信就是没有懂得这个道理,吃了大亏而不得善终,反观同时期的张良就深谙“道”的精髓，能够善始善终。

道本虚无，不与人相争。正是因为不争，天下人谁能与你相争？又有什么好争的呢？所以，只有诚心修道，才能全身、全德，由平常人变成古圣贤一样的守道之人。

另外，本章还告诉我们，要谦让、卑屈地做人。曲、枉、洼、敝和少，为人不喜，而全、直、盈、满和多，正是人们希望得到的，做人低调一点，不张扬，一切都会改变。“曲则全”是做人的大智慧。

二十三章

◎ 原文

希言自然[①]。故飘风[②]不终朝，骤雨[③]不终日，孰[④]为此者？天地。天地尚不能久，而况于人乎？故从事于道者[⑤]，道者同于道；德者同于德；失者同于失[⑥]。同于道者，道亦乐得之；同于德者，德亦乐得之；同于失者，失亦乐得之。信不足焉，有不信焉！

注释：

① 希言：字面意思是少说话。此处指统治者少发政令、不扰民。
② 飘风：大风、强风。
③ 骤雨：大雨、暴雨。
④ 孰：谁。
⑤ 从事于道者：按道办事的人，此处指统治者按道施政。
⑥ 失：指失道或失德。

◎ 直译

统治者对老百姓少发表政令，少发表讲话，顺应自然，是无为而治的表现。狂风刮不了一个早晨，暴雨下不了一整天，谁能使它这样呢，是天地。天地尚不能坚持长久，何况我们人发布的政令呢？所以，按“道”办事就同于道，就同于你有了这种品德，办事失道就同于你的人格失道。按道办事的人，道就很乐意与你融为一体；遵循良好品德办事的人，德也很容易吸收他；违背道德的人，道德便会远离他。诚信不够，就会有人不信任他。

◎ 讲解

本章讲治国者“必慎其言”。“希言自然”，指治国者的政令都要出自自然，合乎老子的大道，若不符合无为无形的道，这些政令和讲话很快就会被遗忘。接着用狂风暴雨做比喻，说明风雨尚且不能长久，你违道的政令能长久吗？狂风暴雨受谁的指挥呢？天地。世上没有比天地更伟大的了，天地秉道而行，纵使一时之间，阴阳相击，天地交错，发生狂风暴雨，也无损于大道，也符合自然之道。

按“道”办事，虚无自然，安静简易，体道自然，本身就是道了。按德办事，对内严格要求自己，对外有利于万物，有功不居，也就同于圣人之德了。至于失者，失道又失德，以贪欲为乐，任性为事，近于死地而心不悔，它就等同于丧失了一切的人。

统治者与被统治者是有心电感应的，统治者按无为大道行事，他就得人心；言行合乎德，人们就爱戴和拥护他，最高道德的人也会与他同为一体；那些丧失道与德的人，心志已失，和社会渣滓同为一体。

统治者对“道”的无为无形，领悟不深，其信仰不足，自然就会有人不相信他。

二十四章

◎ 原文

跂[1]者不立，跨[2]者不行；自见者不明；自是者不彰；自伐者无功；自矜者不长。其在道也，曰余食赘形[3]。物或恶之，故有道者不处。

注释：

① 跂：意为脚尖着地，脚跟不着地。
② 跨：迈大步，阔步而行。
③ 赘形：因饱食而长的多余的肉。

◎ 直译

踮起脚尖要站得高，却站立不住（站不稳，不能久站）；迈开大步，要走得快，反而不能远行；自逞己见的，反而不明白事理；自以为是的，反而不昭显；自我夸耀的，建立不了功业；自恃有能的，不能长久持道行事。从“道”的观点来讲，上述急躁行为，只能是饭囊累赘，是人们厌恶的东西，所以，有道之人，决不会这样做。

◎ 讲解

本章承接二十二章，批评失道之人，“自见”“自是”“自伐”“自矜”的错误做法。文章举了两个例子，踮起脚尖不能久立，跨大步不能走得长远，用例子来说明，这就是自见、自是、自伐、自矜之人的必然结果。我们要实事求是，不能好高骛远。从“道”的角度来看这类人，完全是酒囊饭袋，是身体上的赘瘤，让人看了恶心，学道之人，有道之士，决不会这么做；国家要对青年人加强引导，让他们的一切行为符合“道”与“德”，不能任性从事，不能做不自知、不自明的人，不能做纸上谈兵的赵括。

二十五章

◎ 原文

有物[1]混成[2]，先天地生。寂[3]兮寥[4]兮，独立而不改[5]，周行而不殆[6]，可以为天下母。吾不知其名，字之曰道，强为之名曰大。大曰逝，逝曰远，远曰反。故道大，天大，地大，王亦大。域中有四大，而王居其一焉。人法地，地法天，天法道，道法自然[7]。

注释：

① 物：指道。
② 混成：混然而成。
③ 寂：没有声音。
④ 寥：没有形体。
⑤ 独立而不改：道的独立性、永恒性，不因外力而改变，有绝对性。
⑥ 周行而不殆：周行，周而复始，循环运行；不殆，不息，没有危险。
⑦ 人法地，地法天，天法道，道法自然：人以地为法则，地以天为法则，天以道为法则，道以自然为法则。

◎ 直译

有一个东西混混沌沌而成，在天地形成之前就已经存在了。听不到它的声音，也看不到它的形体，不依靠外力而独立长存，永不改变，循环运行而不衰竭，可以作为天下万物的母亲。我不知道它的名字，就勉强把它叫作“道”，再勉强给它起个名字叫作“大”，它广大无边，一直延伸开去，它运行不息而延伸遥远，延伸遥远而又返回原处，所以说，道大，天大，地大，世间的君主也大。宇宙间有四大，而人居其中之一，人取法于地，地取法于天，天取法于道，而道任其自然。

◎ 讲解

本章阐述道在天地万物之中的作用与地位，道主宰一切，一切都离不开道。道生于混沌迷蒙之中，无声无形，大得无边无际，它无所依恃，独立长存，循环不息，应用不穷。世间万物，皆依道而行，确是天地万物的本源。道乃天地万物之始，万物得之则生，士民修道就显珍贵。混沌初开，上浮者为天，运作不息，覆万物无穷尽，所以天大。地在下，上有天覆，柔顺安静，养育万物，所以地大。人君，百姓之首，君主虽不能与天地相比，也能称大。这四者的位置的顺序是，人以地为法则，地以天为法则，天以道为法则，道以自然为法则。因此，道是天地唯一的主宰，而道“无为”，以自然发展的法则为准。因此，要一切顺应自然，要无为而治。

微信扫码
• 道德经朗读
• 趣说道德经
• 中华经典讲读
• 读书笔记

二十六章

◎ 原文

重为轻[①]根，静为躁君[②]。是以君子终日行，不离辎重[③]，虽有荣观[④]，燕处[⑤]超然。奈何万乘之主[⑥]，而以身轻天下[⑦]？轻则失本[⑧]，躁则失君。

注释：

① 重为轻根：重，指人固有的生命之身体；轻，指身外之物，如嗜好、贪欲；重为轻的根本。

② 静为躁君：君，主宰；镇静是浮躁的主宰。

③ 辎重：军中载运器械、粮食的车辆。

④ 荣观：奇特华美的景观。

⑤ 燕处：燕，同“宴”，赴宴；这里指安居之处。

⑥ 万乘之主：拥有万辆兵车的国君。

⑦ 以身轻天下：治理天下而轻视自己的生命。

⑧ 轻则失本：轻浮纵欲，则失生命之根本。

◎ 直译

厚重的生命是身外之物的根本，镇静是浮躁的主宰。因此，古之圣君终日行走，离不开装载粮食和用物的车辆，即使有奇特美丽的景观也可以放心观赏，因为他吃用无忧，故能安然处之。为什么拥有万辆兵车的当今大国之君，还要按照自己的嗜好和欲望去治理国家呢？放纵自己的嗜好和欲望，就会失去厚重生命之根本；浮躁和妄动，就会使国家失去了君王之主宰。

◎ 讲解

本章劝诫当世之君主，应当知道轻重动静的重要，首先要看重生命，要看重身体。

身体就是生命，有了身体，才有身外之物。身外之物为轻，比如情爱、欲望、功名、利禄等。没有了身体，皮之不存，毛将焉附？这是人人都明白的道理。古时的人君看重生命，看重身体，但不看重身外之物，不贪图名利，没有贪欲；如果出行，必带够三日之粮，如果路程较长，需要连续整天行走，必须带足辎重，即使沿途有美丽的风景，也可多逗留几日观赏，因为他们粮食充足，物用丰裕，也能安静地居住下来。而现在那些显赫的君主，为了名利，舍生忘死地去抢掠，为什么轻重颠覆，而不顾自己的生命呢？轻浮，追求身外的功名利禄，就会失去根本，就会失去身家性命，从老百姓和士兵的角度来看，他们也就失去了带领他们的君主。

二十七章

◎ 原文

善行无辙迹；善言无瑕谪[①]；善数不用筹策[②]；善闭无关楗[③]而不可开；善结无绳约[④]而不可解。是以圣人常善救人，故无弃人；常善救物，故无弃物，是谓袭明[⑤]。

故善人者[⑥]，不善人之师；不善人者，善人之资[⑦]。不贵其师，不爱其资，虽智大迷，是谓要妙。

注释：

① 瑕谪：瑕疵、毛病。
② 筹策：计算的工具，算盘。
③ 关楗：门上的闩。
④ 绳约：绳索。
⑤ 袭明：传承的智慧、聪明。
⑥ 善人者：善，形容词用作动词，意为善于用人的人。
⑦ 资：帮助，引申为借鉴。

◎ 直译

善于行走的人，不会留下车辙的印迹；善于言谈的人，不会有疏漏和瑕疵；善于计数的人不用算盘；善于关闭门窗的人，不用闩也使人无法打开；善于捆缚的人，不用绳索也使人无法摆脱。圣明的人经常激发人的本性和潜能，世上就没有人被遗弃；经常挖掘物品的用途，使物尽其用，世上就没有被遗弃的物品；这就叫作继承先古传统的智慧。

善于用人的人是不善于用人的人的老师；不善于用人的人，是善于用人的人要借鉴的经验和教训。至于那些不尊重老师，也不借鉴别人经验与教训的人，虽然自以为很聪明，其实是糊涂至极，这就是精深微妙所在啊！

◎ 讲解

本章阐明，行道之人，必须善于发现人才，使人尽其才；必须有善于挖掘物品用途的能力，使物尽其用。

善行之人，他开车行走却没有辙迹，自有他“无辙迹”的办法；善言之人有理有据，把要讲的事情和道理说得明明白白，无可辩驳，没有瑕疵；善数之人，不用算盘，说明这个人胸藏万汇，深不可测；善闭之人，是鲁班那类人，其中的技巧妙不可言；善结之人，捆缚不用绳索，他的技巧也确是一绝。圣人应该千方百计地任用这种身怀绝技的人，采用他们的技巧，这样人人都能发挥作用，物和技巧都得到保全。这实际上是教我们要传承古道，这样每个人都会变得聪明睿智，本章告诉我们要慧眼识珠。

善于用人的人是不善于用人的人的老师，不善于用人的人，是善于用人的人所要借鉴的经验和教训。所以，我们既要尊重老师，还要善于借鉴别人，如果不这样做，即使自以为聪明睿智，其实也是一个特别糊涂的人。

能人出自民间，因为民间的人生在实践中，实际生活需要什么，就钻研什么，因此，能工巧匠层出不穷。善于用人的人，就要善于发现这些人，巧用这些人，真正做到人尽其才、物尽其用。

二十八章

◎ 原文

知其雄[①]，守其雌[②]，为天下溪。为天下溪，常德不离，复归于婴儿。知其白，守其黑，为天下式，为天下式，常德不忒[③]，复归于无极[④]。知其荣，守其辱，为天下谷[⑤]，为天下谷，常德乃足，复归于朴。朴散则为器[⑥]，圣人用之，则为官长，故大制[⑦]不割。

注释：

① 雄：刚强、强大。
② 雌：柔静、软弱。
③ 忒：音 tè；差错，过失。
④ 无极：引申为最终的真理。
⑤ 谷：深谷，两山之间必有一谷。
⑥ 器：器物，指万事万物。
⑦ 制：制作器物，喻为从事统治。

◎ 直译

知道什么是雄强，却安守雌柔的地位，甘愿为天下的溪涧。为天下的溪涧，本有的德性就不会离失，回复到婴儿般的纯粹自然的状态。深知明亮的舒服，却安于暗昧的地位，甘愿做天下静守的模式。做静守的模式，永恒的德性就不会有差错，回复到不可穷尽的真理。深知什么是荣耀，却安于卑贱受辱的地位，甘愿做天下的溪谷。做天下的溪谷，永恒的德性才会得以充足，回复到自然朴素纯真的状态。这种自然朴素的本性分散开，表现为各式器物，即治理国家的政令。有道之人依此办事，就可以成为百官之长，道与用是不能分割的，是统一的。

◎ 讲解

本章着重讲的是“复归”学说，老子在这里提出了一个观点，知雄，守雌。意思是，要想刚强，必须柔静、软弱，才能以柔克刚。用这个原则从事政治活动，参与社会的各项活动，才能立于不败之地，而且可以光大“道”（无为）的器用价值。老子处于春秋末年，社会动荡不安，你争我夺，纷纭扰攘，面对这样的状况，老子提出“守雌”的原则，正是他提出的“夫唯不争，故天下莫能与之争”等论点的更深一层次的发挥。

这章中的“朴”“婴儿”“雌”等三个概念，意思分别指朴素、纯真、柔静，是老子无为思想的体现。当时儒家用仁、义、礼等思想约束人们的思想，扭曲人的本性，老子非常反对，主张复归“本性”“雌”“溪谷”，安于这种卑下的地位，复归婴儿纯净天真的状态。他认为，只有这样，才会出现为百姓办事的官长，才会有完善的政治。

二十九章

◎ 原文

将欲取[1]天下而为之，吾见其不得已[2]。天下神器[3]，不可为也。为者败之，执者[4]失之。故物或行或随[5]；或歔或吹[6]；或强或羸[7]；或载[8]或隳[9]。是以圣人去甚、去奢、去泰[10]。

注释：

① 取：夺取、治理。
② 已：停止；达不到目的。
③ 神器：器，器皿，器物；天下神、人共用的器物，这里指神圣的王位。
④ 执者：掌管、控制神器的人。
⑤ 或随：有的人顺从它。
⑥ 或歔或吹：或歔，有的人轻声和缓地吐气；或吹，有的人急促地吐气。
⑦ 羸：音 léi，弱，虚弱。
⑧ 载：安全。
⑨ 隳：音 huī，同“毁”，危险。
⑩ 去甚、去奢、去泰：甚，过分；奢，享受奢侈；泰，泰然，志得意满的样子。

◎ 直译

想要夺取天下，并用强制的手段去治理它的人，我看他决然达不到目的。天下是上天和百姓最为神圣的器物，怎么可能凭借你的一己之力去统治它呢？强力去夺取，一定失败。即使你得到了，用那一套“强者为王”的手段去治理它，一定也会失去它。

天地万物按“道”运行，有的前行或后随，有的或缓或急地叹气，有的刚强有的羸弱，有安有危；所以，要治理好天下，必须遵从“无为无欲”的圣人之道，舍弃过分的做法，去掉奢侈腐败，去掉富贵享受。

◎ 讲解

本章的文眼就是天下神器，即天下不是哪一个人的天下，是天下人之天下，天下自有天下的运行法则，这个法则就是无为而治，也就是顺应自然。有些人自恃其强，野心勃发，窥窃神器，想据而有之，这一定是要失败的，即使取得了天下，最后也会失去。秦始皇“奋六世之余烈”，战败六国，统一了天下，心想万世不朽，自称始皇，想二世、三世、一代代传承下去，结果二世而亡，其有天下仅十五年耳。

文章接着用四组“或”（“或”，是虚指代词，作“有的”理解），来观察那些欲得天下或已经得到天下的人，他们的结果会怎样，有的跟着前面继续前行，有的顺着它，有的慨叹；有的强大，有的羸弱；有的安全，有的危险。

因此，老子总结说，统治者必须有无物之心，用圣人的无为之法去治理，而这样必须去掉过分的做法，去掉贪腐奢侈，去掉安居享乐。

三十章

◎ 原文

以道佐[①]人主者，不以兵强天下，其事好还[②]。师之所处，荆棘生焉。大军之后，必有凶年[③]。善者果[④]而已，不敢以取强。果而勿矜，果而勿伐，果而勿骄，果而不得已，果而勿强。物壮则老，是谓不道，不道早已。

注释：

① 佐：辅佐、帮助。
② 还：回报、报应。
③ 凶年：灾荒之年。
④ 果：结果，这里指目的。

◎ 直译

依照“道”的原则辅佐君主的人，不以兵力逞强于天下，争城略地这种事必定会遭受报应。军队所到之地，必定会荆棘丛生，大战之后，必定会出现灾荒，甚至会发生瘟疫。善于用兵的人，只要达到目的就可以了，并不自恃兵力的强大而逞强好斗。达到了目的，不自大；达到了目的，不自我夸耀，不肆无忌惮；达到了目的，也不骄横。为了达到目的而开战，是迫于不得已，所以达到了目的，不要再威风四面，以强凌人了。凡事过于强大，则物极必反，就会走向衰朽，这是不符合道的规律之事，不合于“道”的东西，必然走向灭亡。

◎ 讲解

本章的文眼是第一句“以道佐人主者，不以兵强天下”，告诫人们，做任何事情，不可过为已胜。老子主张无为，反对战争。然而，有些时候为了济弱扶倾，或为了除暴救民，不得已要去打仗。人们要知道，出兵打仗这种事，做得太过分了，容易遭到报应。打仗之地，百姓不能正常耕种，庄稼不长、荆棘丛生，打完仗后，百姓必定会遭受饥荒，发生瘟疫，百姓生活更加困难。所以要适可而止，达到目的就行了，不要再逞强，再生事端。

紧接着，老子描述了逞强者的各种姿态，用“勿”字告诫他们：勿矜、勿伐、勿骄、勿强。这种逞强者，因为达到了目的，骄傲、夸耀、盛气凌人、威风四面，狂妄到了极点。按照“道”的规律，“生—长—壮—老—死”，任何事物都离不开这个规律，如果因为打了胜仗，嚣张到这个地步，不遵守道的法则，必定走向灭亡。

三十一章

◎ 原文

夫佳兵者[①]，不祥之器，物[②]或恶之，故有道者不处。君子居则贵左[③]，用兵则贵右。兵者不祥之器，非君子之器，不得已而用之，恬淡[④]为上，胜而不美，而美之者，是乐杀人。夫乐杀人者，则不可得志于天下矣。故吉事尚左，凶事尚右。偏将军处左，上将军处右。言以丧礼处之。杀人之众，以悲哀泣之[⑤]，战胜，以丧礼处之。

注释：

① 夫佳兵者：夫，发语词；兵，兵器。

② 物：这里指人。

③ 贵左：中国古代礼仪制度中，吉事以左为尊，凶事以右为尊。

④ 恬淡：安静、沉着。

⑤ 泣之：之，代词，指死亡的兵士，意指为死亡的兵士哭泣。

◎ 直译

上好的兵器是不祥的东西，人们都厌恶他，有道之人不使用它。君子在家宴请宾客以左为尊贵，用兵打仗时就以右边为贵。兵器是不祥之物，不是君子所使用的东西，万不得已时才用它。以安静、沉着为上策，打了胜仗也不以为是好事、美事，以此为好事、美事的人，是一些以杀人为乐的人，以杀人为乐者，决不能让他们得志于天下。吉事以左边为大，凶事以右边为大，偏将军居左，上将军居右。礼要以丧礼的形式来对待战争，如果杀人众多，则素衣素食，悲哀地祭奠；胜利了，也要按照丧礼来对待此事。

◎ 讲解

本章讲的是打仗的原则，主要有三条。

其一，打仗是不祥之物，必须是出于不得已而为之，要慎之又慎，攻城略地，必多死伤，甚至尸体堆积如山，有道者不为。因为打仗，影响百姓的耕种，荒田荒地，荆棘丛生。战后必然伴随饥荒和瘟疫流行。

其二，恬淡为上。对待用兵打仗这事，一定要以安静、沉着来对待，打了胜仗不要自夸，自夸的人，是以杀人为乐的人，决不能让他们得志于天下。圣人以道治天下，以自然之道去教育百姓，使其安居乐业。不管为了什么理由去攻战，这都是与道不相容的。

其三，搞好善后工作。要以丧仪处理战后的事情，诚心地祭奠死去的士兵，胜也好，败也好，都必须这样，以表示对战死者的尊重。

这一章告诫我们，对待任何事情，都要以“道”来化解，做到大事化小、小事化了，不要引起纠纷。

三十二章

◎ 原文

道常[①]无名，朴[②]虽小，天下不敢臣[③]。侯王若能守之，万物将自宾[④]。天地相合，以降甘露，民莫之令而自均。始制有名[⑤]，名亦既有，夫亦将知止，知止所以不殆。譬道之在天下，犹川谷之与江海。

注释：

① 常：亘古不变，常道。
② 朴：以木条做成器皿叫朴，这里指朴素。
③ 臣：用作动词，使之臣服。
④ 宾：服从。
⑤ 始制有名：万物兴作，产生了各种名字和名分，即官员的名称和等级。

◎ 直译

道的本质是无名而朴素的，它虽然很微小，但是天下无人能使它服从于自己。如果王侯将相能实行无为而治，顺应天道，那么，万物将会自动自觉地服从他。天地阴阳相互融合，天上就会及时普降雨露，百姓不须听从任何指令而自然均匀得到它们。道创造了万物，为方便记忆和识别就有了名字，既然有了名，就不能被名的表象所迷惑，这些名号、等级，应适可而止，凡人的欲望和名位必须止于道。要明白“止”于“道”，是永不失败的真理，就像川谷之溪水流向大江大海一样，是自然的，是自觉自动的。

◎ 讲解

本章讲道的无穷之力量。

道为天下万物之宗，无名无形，虽然看不见摸不着，但它确是万物的主宰。如果王侯将相能时时、事事持道而行，按道的规则办事，那么天地之间，包括人在内的万物，都会服从于他，以至于天地之间也会风调雨顺，有利于万物的生长。

事物有了名，官职也有了名分，这不是坏事，但应适可而止。人们心中不应刻意去追求所谓的名位、官职，而应追求“道”，“道”是治理国家、处理各种是非纠纷的原则，持道行事，自然会有你应得的名分。江海不召唤溪流，川谷之溪流自然归流于大江大海，这就是“道”的力量。

三十三章

◎ 原文

知人者智，自知者明。胜人者有力，自胜者强[1]。知足者富，强行[2]者有志。不失其所者久，死而不亡[3]者寿。

注释：

① 强：刚强、果敢。
② 强行：坚持不懈，持之以恒。
③ 死而不亡：身死而精神不灭，身死而道不灭。

◎ 直译

能了解和辨识别人的，叫作有智慧；能认识和了解自己的人，才算明白、通达。能够战胜别人，证明你勇武有力；能战胜和克服自己的弱点，才算刚强。知道满足的人才是富有的人；自强不息、坚持不懈的人是有志向的。不失去自己所具有的“道”，能活得长久；人死而精神长存的，才算真正的长寿。

◎ 讲解

本章讲个人修身的重点。

知人，意谓察贤愚、辨是非，很重要，也不失聪慧。但人贵有自知之明，自知确属不易，或被财货蒙蔽，或被亲朋好友夸奖、赞美，有些人就飘飘然，不知道自己是谁了。如果人真正了解了自己的优缺点，宽以待人，严于律己，才算真聪明，发挥自己的长处，克服自己的缺点，前途不可限量。

在困难面前，最重要的是要战胜自己，信心不足时，会出现“担心这害怕那”“前怕狼后怕虎”的不知所措的情况，那必定不能成功。因此，只有战胜自己，才有勇气，有担当，才能战胜困难，战胜敌人。

知足常乐，因为知足，才不贪不占，才无欲无求，安享本分，然后可以乐享天年。我曾在山间农民家过夜，他说，“红薯、包谷、兜根火，除了神仙就是我”。他生活并不富裕，吃红薯，啃包谷，烤兜根火，但是他懂得知足，才可以骄傲地说“除了神仙就是我”，其生活快乐如神仙。

“不失其所”，在这里，老子说的是，长期修持的“道”，只要守道，不失道，就可以健康地活着，即使有一天肉体死了，精神还长存在天地之间。

老子的修身养性的原则是：自知，自胜，自足，自强，自守，然后就可以长寿了。

三十四章

◎ 原文

大道泛兮[①]，其可左右。万物恃之以生而不辞[②]，功成而不名有[③]。爱养[④]万物而不为主，常无欲[⑤]，可名于小；万物归焉而不为主，可名于大。以其终不为大，故能成其大。

注释：

① 泛兮：泛，同“氾”（sì），广泛，泛滥。
② 辞：推辞。
③ 不名有：不自认为有功名。
④ 爱养：用爱养育。
⑤ 常无欲：就是“无欲”。注：有的版本里没有这三个字。

◎ 直译

大道广泛流行，上下左右无处不到。万物依靠它生长，它却不夸耀，也不推辞；事情成功了，它却不占有成功的名号；它养育万物，却不以自己为万物之主，没有任何欲望，从这方面讲，可以渺小称之；天地万物归附于它，而它却不认为其是万物的主宰，从这方面讲，可以用“伟大”来称它。圣人之道，正是因为其始终不自以为伟大，才成就了伟大。

◎ 讲解

本章讲道的伟大。第一，道无处不在，包罗万象，万物赖以为生；大道泛兮，道像泛滥的洪水一样，上下左右，有万物生长的地方，就有道在；道在天地之先，道本无，无生有，有生万物，道实际上主宰着万物。第二，道本恭谦，像水一样，滋润万物，却甘居万物之下，“功成而不名有”“爱养万物而不为主”“万物归焉而不为主”，体现了道的本色，不占名，不居功；但“夫唯不争，故天下莫能与之争”，它的功与名，在百姓、万民的心里自然会存在，正是因为他不认为自己伟大，才成就了他的伟大。

三十五章

◎ 原文

执大象[①]，天下往。往而不害，安平泰[②]。乐与饵[③]，过客止，道之出口，淡乎其无味，视之不足见，听之不足闻，用之不可既[④]。

注释：

① 执大象：大象，指大道，无形无状；本句意思为把握了大道。
② 安平泰：安静、平和、富裕。
③ 乐与饵：美妙的音乐，美味的食物。
④ 既：尽。

◎ 直译

谁执掌了大道，天下之人都争往而归附他，这并不妨碍道的存在，而道使人安详、平和、富裕。美妙的音乐，美味的食物，它的声、味，让路人止步；而道要说出来的话，淡然无味，看也看不见，听也听不到，但是它的作用却是无穷无尽的。

◎ 讲解

本章承接三十四章，大道体天意，顺人心。哪里有道，天下人自然会纷纷向往、归附，这对道的存在没有妨碍，而且人人安详、平和、富裕。我们很多人读过陶渊明的《桃花源记》，桃花源就是“道”存在的地方，这里的人“乃不知有汉，无论魏晋[①]”，对外面的世界茫然无知，他们过得怎样呢？“黄发垂髫[②]，并怡然自乐”，就是老人和小孩都怡然自乐。这就是对“执大道”的具体表述。

动听的音乐，美味的食物，可让路人贪恋声、色、美味而止步，而道却无形不彰，听不见，看不到，但它的作用却是无穷无尽的。

注：本段中《桃花源记》的两句译文：

① 乃不知有汉，无论魏晋：竟然不知道有汉代，更不用说魏与晋了。

② 黄发垂髫：黄发，指老人；垂髫，指小孩。

三十六章

◎ 原文

将欲歙之[1]，必固[2]张之；将欲弱之，必固强之；将欲废之，必固兴之；将欲夺之，必固与之。是谓微明[3]，柔弱胜刚强。鱼不可脱于渊，国之利器不可以示人[4]。

注释：

① 歙：音 xī；收敛。
② 固：暂且。
③ 微明：微妙的先兆。
④ 示人：给人看。

◎ 直译

想要让他收敛老实，必定暂且让他嚣张；想要削弱他，必定暂且让他强大；想要废弃他，必定暂且让他兴盛或抬举他；想要夺取，必定先要给予。这就叫作微妙而明显的做法，柔弱胜刚强。鱼的生存离不开池渊，国家最利的兵器，不可以让人看见。

◎ 讲解

物极必反。要想除掉强梁暴乱，先要放任他，让他充分暴露。“张之”“强之”“兴之”“与之”，让敌人骄横霸道，嚣张至极。《三国演义》里的骄兵之计，就是用的老子的兵法。只要骄傲，就认为自己无敌于天下，放松警觉，根据事物的本性，敌人自己就走向反面，骄横变成收敛，强大变成软弱，兴盛变成消亡，不需用兵而就能达到目的，这就是微妙的先兆。

老子认为，人只有生活在柔弱里，才能长期保持良好的健康状态；不像那些自以为刚强的人那样容易消亡。鱼只有生活在深渊里，它才有自己，一旦离开了水，它只有死亡一条路。

柔弱好比国家最好的武器一样，不可以拿出来给别人看。这一章老子告诉我们以柔克刚、以弱胜强的道理。

三十七章

◎ 原文

道常无为[①]，而无不为[②]。侯王若能守之[③]，万物将自化[④]。化而欲[⑤]作，吾将镇之以无名之朴[⑥]，无名之朴，亦将不欲。不欲以静，天下将自正。

注释：

① 无为：无我、无私欲地作为，顺其自然。
② 无不为：没有事不是它为的。
③ 守之：守道；之，指道。
④ 自化：自我发育，自生自长。
⑤ 欲：贪欲。
⑥ 无名之朴：指道。

◎ 直译

道永远顺应自然，无我、无私欲地作为，却没有什么事不是它作为的。为侯为王的如果按照道的原则理国治民，万事万物就会自生自长，得到充分发展，王侯因它自生自长而产生贪欲时，将用道来镇定它，用道的真朴来镇服它，就不会产生贪欲了，万事万物没有了贪欲之心，天下自然达到了稳定、安宁。

◎ 讲解

这是《道德经》中讲“道”的最后一章，第一章老子提出了“道”的概念，在以后的各章中，把这个概念落实到他理想的政治与社会——自然。道无形无为，顺其自然，如果统治者能够依照“道”的法则来治理国家，一切顺其自然，无我、无私欲，不妄加干涉，不随便发号施令，老百姓就自由自在，自我发展。朴、静、不为、不欲，都是道的内涵。不按道的原则办事，实际上是危害百姓，置百姓生死于不顾，这是老子不想看到的。如果违背“无为”思想，按照统治者的私欲乱作为，既坑了百姓，也害了国家。没有个人欲望，一切顺其自然，国家就会平静，就会走上正道。

三十八章

◎ 原文

上德不德[①]，是以有德；下德不失德[②]，是以无德[③]。上德无为而无以为[④]；下德为之而有以为[⑤]。上仁为之而无以为；上义为之而有以为。上礼为之而莫之应，则攘臂[⑥]而扔[⑦]之。故失道而后德，失德而后仁，失仁而后义，失义而后礼。夫礼者，忠信之薄[⑧]，而乱之首。前识者[⑨]，道之华[⑩]，而愚之始。是以大丈夫处其厚，不居其薄；处其实，不居其华。故去彼取此。

注释：

① 上德不德：具备上德之人，任物自然，不表现为形式上的德。

② 下德不失德：下德之人恪守形式上的德，形式上不离开德。

③ 无德：无法体现真正的德。

④ 无以为：无心作为。

⑤ 下德为之而有以为：下德之人顺应自然而有心作为。

⑥ 攘臂：伸出手臂。

⑦ 扔：强力引开。
⑧ 薄：不足，衰薄。
⑨ 前识者：先知先觉者，有先见之明者。
⑩ 华：花，虚华。

◎ 直译

具备“上德”之人，不表现出外在的有德，实际上是有德；具备“下德”之人，表现为外在的不离失“德”，实际上是无德。“上德”之人顺应自然，无心作为；而“下德”之人有心作为。上仁之人要有所作为而实际上是没有作为；上义之人要有所作为，他们自己却是有心作为，不是顺其自然。上礼之人想在礼节上有所作为，却没有人理睬他。于是他就伸开胳膊，强力吸引别人。所以失去了道而后有德，失去了德而后有仁，失去了仁而后有义，失去了义而后才有礼。礼这个东西是忠信不足的产物，更是祸乱的开始。

先知先觉的人，不过是道的虚华表现，由此愚昧开始产生。所以，有道之士，立身敦实，从不轻薄，存心朴实，不尚虚华，所以任人取事，要去除虚华而采取笃实。

◎ 讲解

《道德经》上篇谈“道”，下篇说“德”，道为德之宗，虽然讲德，但万变不离其宗，仍然是讲道，目的是使道的“无为”核心思想更为明朗、彰显。

上德，指上古圣人，道与德是完全统一的，相互融合的，道本万物之源，却不认为自己有德，无心于德；上德不德，有德却不表现出来，因为德出于无为，功成事遂，却没有思考外表的德的名号。下德，因为德出有心，功成之后，既矜持，又夸耀，实际上是无德。道没有真与假的区别，但德有真的也有假的。

随着社会的发展，德又衰败了，出现了仁义。上仁、上义，能有所作为，却没有依赖与夸耀它的思维，这是真的。至于下仁、下义，则完全假仁假义。尧、舜、禹是上仁上义之人，而春秋时期的五霸，无论是齐桓公、晋文公，还是宋襄公、楚庄王、秦穆公都是假仁假义之人。

社会风气继续衰败，又出现了礼，礼尚往来，崇尚虚伪，故为正人君子所不耻。老子斥之“忠信之薄，祸乱之始”也，从德的角度讲，已经衰败到极点了。

道失而后有德，德失而后有仁，仁失而后有义，义失而后有礼。而礼之盛行，原来的社会风气全没了，风气越变越坏。其原因是失道、自作聪明。所谓前识者却没有看到这件事的严重后果，是愚笨的开始。故有道之士，务实不务虚，去其虚假，取其忠信而笃信之。

三十九章

◎ 原文

昔之得一[①]者，天得一以清，地得一以宁，神得一以灵，谷得一以盈，万物得一以生，侯王得一以为天下正[②]。其致[③]之，一也。

天无以清，将恐裂[④]；地无以宁，将恐发[⑤]；神无以灵，将恐歇；谷无以盈，将恐竭；万物无以生，将恐灭；侯王无以正，高贵将恐蹶。

故贵以贱为本，高以下为基。是以侯王自谓孤寡不穀[⑥]。此非以贱为本邪？非乎？故致数舆无舆[⑦]。不欲琭琭如玉[⑧]，落落如石[⑨]。

注释：

① 一：道之子，物之祖，这里指道。

② 正：主，即王，首领。

③ 致：达到。

④ 裂：破损。
⑤ 发：同“废”。
⑥ 孤寡不穀：孤家、寡人、不穀，古代帝王的谦称。孟子言“岂不穀是为”，意思是“难道是我做的？”
⑦ 数舆无舆：舆，同“誉”；最高的荣誉是不须赞誉的，同没有荣誉一样。
⑧ 琭琭：美玉的样子。
⑨ 落落：石头坚硬的样子。

◎ 直译

往昔曾得过道的，天得道而清明，地得道而宁静，神得道而显英灵，河谷得道而水充盈，万物得道而生长，侯王得道而成为天下的首领，其原因是一致的，就是得到“道”。

推而广之，天得不到清明，恐怕要破裂；地得不到宁静，恐怕要震溃；神得不到灵性，恐怕只能休息；河谷不能保持流水，恐怕要干涸；万物不能保持生长，恐怕要消亡；侯王不能保持天下首领的地位，恐怕要倾覆。

所以，贵以贱为根本，高以下为基础。因此，侯王自称孤家、寡人、不穀。这不就是以贱为根本吗？不是这样吗？所以，最高的荣誉无须赞美称誉。不要求琭琭晶莹像宝玉，而宁愿珞珞坚硬如石头。

◎ 讲解

这一章就是要学会运用老子的智慧指导我们的生活，要理解全文，必须理解这个“一”字，也就是理解“道”。“一”就是道。道是无形的，而“一”是有形的，这就是“道”和“一”的区别所在。这里连续用了七个“一”，的确用意深远。老子论天、论地，归根结底是讲人，侯王要重视“道”，使天下有准绳，这准绳就是“贵以贱为本，高以下为基”，侯王应该认识到“贱”“下”是自己的根基。有道之人，无须光华如玉，要以质朴为本。文章开头讲天、地、神、谷、万物、侯王，他们的存在全在于道，失去道，一切都不能存在下去，得“道”就要心神合一。

老子告诫人们要甘于平凡，不要心高气傲，人们本来可以简单而快乐。如果心思太多，不能心神合一，就会增加烦恼，结果是所求越多，失去也就越多，世上本无事，庸人自扰之，我们还是专心学“道”吧。

四十章

◎ 原文

反者[①]，道之动；弱者，道之用。天下万物生于有[②]，有生于无。

注释：

① 反者：反，同“返”，循环往复，返回原来的地方。
② 有：有形、有名。

◎ 直译

循环往复的运动变化，是道在运动。微妙柔弱，是道在发挥作用。天下万物产生于“有”，“有”产生于“无”。

◎ 讲解

本章讲明“道”是天地万物之本。道的运动规律：从生育万物返回常态虚静。

“反者，道之动”，也就是“道之动”必返其根本。上章讲“贵以贱为本，高以下为基”，地位高离不开低，贵由贱始，低贱是道起始的地方。“柔弱胜刚强”，王弼注释，虚无柔弱，无所不通，所以无所不包。道是体，动是用，万物生长，有形可看、可摸，实实在在。而从根本上来说，有生于无，人们一般只看到动的万物，而“道”的常态是静。道本至虚，柔弱无用，而它却是天下万物有用之本。这是《道德经》的根本法则，体与用的区别与统一。“无”生“有”，“有”生万物，最后返回“无”，这就是道的运动规律。

四十一章

◎ 原文

上士闻道，勤而行之；中士闻道，若存若亡；下士闻道，大笑之，不笑不足以为道。

故建言[1]有之：明道若昧，进道若退，夷道若类[2]，上德若谷，大白若辱[3]，广德若不足，建德若偷[4]，质真若渝[5]，大方无隅[6]，大器晚成，大音希声，大象无形。

道隐无名，夫唯道，善贷且成[7]。

注释：

① 建言：立言。
② 夷道若类：夷，平坦；类，崎岖不平；意思是，平坦的大道，像崎岖不平的样子。
③ 大白若辱：辱，黑垢；洁白的东西好像中间有污点。
④ 建德若偷：偷，懒惰；刚健之德好像怠惰的样子。
⑤ 质真若渝：渝，变成污垢；朴质纯真好像浑浊的样子。
⑥ 大方无隅：隅，角落；最方正的东西没有棱角。
⑦ 善贷且成：贷，施舍、给予；道善使万物善始善终，而万物自始至终也离不开道。

◎ 直译

上士听了道的理论，立马身体力行；中士听了道的理论，将信将疑；下士听了道的理论，哈哈大笑；下士不笑，那就不足以成为道。

因此，古时立言的人说过这样的话：光明磊落的道好似暗昧；前进的道好似后退；平坦的道好似崎岖不平；崇高的道好似山谷；最洁白的东西，反而含有污垢；宽广的道好似不足的样子；刚健的德好似懒惰的样子，质朴和纯真好似朦胧未开；最方正的东西，反而没有棱角；铸造越大的器皿（如鼎、钟）越晚成型（喻指能担当大事的人物要经过长期的锻炼，所以成就比较晚）；最大的声响，反而无声无息；最大的形象，反而没有形状。

大道隐蔽，而没有名称，无名，无声，无形。只有道才能使万物善始善终。

◎ 讲解

本章一开始，就讲了上士、中士、下士闻道后的不同表现，上士努力去实行，中士漠不关心，下士则哈哈大笑，说明得道不同的人表现不同，下士只看一些表面现象，对道的本质不可能体悟，抓住一些表面现象来嘲笑，这种大笑，正好说明道的伟大。

紧接着引用“建言”者的话，说明道的隐蔽。除了“上士”以外，中士尚且认为“道”若有若无，摸不着边际。至于“下士”，可谓一窍不通，大笑而已。道很隐蔽，在一般人眼里，明白光大好像暗昧无光，在发展前进好像在后退，平坦的路好似崎岖不平。本来事物就是这样，高尚品德的人虚怀若谷，洁白织物好像也有污点，广大恢宏的也有黑垢。这就是道的特点，或者说是道的本性，“大方无隅，大器晚成，大音希声，大象无形”，这正是“道”的本质。道本无形、无声、无色，看不见，摸不着，对于修为不深的人来说，是很难明白其中的奥妙的。老子在这里真心实意地劝说，正在修为的“中士”“下士”要静心感悟，争取达到“上士”的境界，才能对“道”有正确的认识。真正的道，是施舍、给予，不求回报，善始善终，天下万物任何时候也离不开道，这就是本章的要点。

四十二章

◎ 原文

道生一[①]，一生二[②]，二生三[③]，三生万物。万物负阴而抱阳[④]，冲气以为和[⑤]。人之所恶，唯孤、寡、不穀，而王公以为称。故物或损之而益，或益之而损。人之所教，我亦教之。强梁者不得其死，吾将以为教父[⑥]。

注释：

① 一：这是老子用以代替道这一概念的数字表示，即道是绝对的。

② 二：指阴阳二气，道的本身包含着对立的两面。

③ 三：即由两个对立面相互冲突所产生的第三者，进而生成万物。

④ 负阴而抱阳：背阴向阳。

⑤ 冲气以为和：冲，冲突、交融；本句的意思为：阴阳二气互相冲突而达成均匀和谐的状态，从而形成新的统一体。

⑥ 教父：父，同“始”；根本的指导思想。

◎ 直译

道是独一无二的，道本身包含了阴与阳二气；阴阳二气相交而形成一种均衡的状态，万物在这种状态中产生；万物背阴向阳，并且在阴阳二气的相互激荡下形成新的和谐体。人们最厌恶的就是“孤”“寡”“不穀”，但王公们用这些来称呼自己。所以，一切事物如果减损它，反而得到增加；如果增加它，反而得到减损。别人这样教导，我也教导别人，强暴的人将死无其所，我把这句话当作施教的宗旨。

◎ 讲解

世间万物各有各的形态，各种形态必归于“一”，也就是归于道，归于“无”；有“一”而有阴阳二气，这就是一生二；由二生三，三生万物。所以，万物皆生于“一”，皆生于“道”。万物背阴向阳，生理和顺，不断发展。一般人总以“孤”“寡”“不穀”这些不吉利的字眼为恶，从不用它。可王公（指诸侯国的统治者）以这些字眼来称呼自己，“孤”“寡”“不穀”经常挂在嘴边，因为他们知道，今天的高贵地位都是从低贱而逐步升上来的。世俗观念认为“柔弱可欺”“强梁可畏”，事实上，如果不依道办事，事物往往向它的反面转化，你减损它，反而得到增加；你增强它，反而得到减损。道是“一”，事物变化离不开“一”，王公谦让，不尊大，自然就大了，横行霸道之人，目空一切，肆行无忌，必然引起民愤，人民群起而攻之，结果不得善终。老子说，别人教人，由弱变强，由强而霸，这是不对的，我教人去强为弱，去刚为柔，这才符合“道”的规律，一切归于“一”，一切归于“道”。

四十三章

◎ 原文

天下之至柔，驰骋[1]天下之至[2]坚。无有入无间[3]，吾是以知无为之有益。不言之教[4]，无为之益，天下希[5]及之。

注释：

① 驰骋：马奔跑的样子。

② 至：最，顶点。

③ 无有入无间：无有，指不见形象的东西；无形的力量能够穿透没有间隙的东西。

④ 不言之教：没有政令指挥。

⑤ 希：稀，少。

◎ 直译

天下最柔弱的东西奔腾穿行在最坚硬的东西中，无形的力量可以穿透没有间隙的东西。我因此认识到“无为”的益处。“不言”的教导，无为的益处，普天下很少有能赶得上它的了。

◎ 讲解

本章讲无为的益处。

天下最坚硬的东西，是最难攻破的，可是柔软弱小的东西却能攻破它。比如水，至柔至软，可水滴石穿，无坚不摧，用柔弱战胜一切。“无有入无间”，如入无人之境，焉有不胜。说到教育，自古以来，一般的教诲是，人要坚强，不要柔弱；要聪明，不要愚钝。而老子的观点却反其道而行之，人要柔弱，不要表面坚强；要愚钝，不要表面聪明。无为，无我，无欲，就能战胜一切，可惜坚持这种教育的人太少了。

四十四章

◎ 原文

名与身孰亲[①]？身与货[②]孰多[③]？得与亡孰病？甚爱必大费[④]，多藏必厚亡[⑤]。故知足不辱，知止不殆，可以长久。

注释：

① 孰亲：孰，疑问代词，谁；谁亲。
② 货：财物。
③ 孰多：多，重要的意思；谁重要。
④ 甚爱必大费：过于爱名就必然会付出太多的耗费。
⑤ 多藏必厚亡：亡，失去；丰厚的财货必定会招致惨重的损失。

◎ 直译

名声和生命相比，哪一个更亲切？
生命和财富相比，哪一个更为重要？
得到的和失去的，哪一个更加有害？

过分地爱名利，就必定要付出很大的代价；

过分地积敛财富，就必定会招致惨重的损失。

所以说，懂得满足，就不会受到屈辱；懂得适可而止，就不会遇到危险，这样才可保持长久的平安。

◎ 讲解

本章用人身与名声相比，我们可以说，当然身体更重要。可是不少人，为了名，去贪，去争，结果以身殉名。用生命与财货相比，财是身外之物，可为了个人财富，有人愿意冒着生命危险去干犯罪的勾当，人为财死鸟为食亡，结果怎么样呢？《红楼梦》里的“好了歌”写道：“在生只恨聚无多，待到多时闭眼了。”得到的东西越多，名气越大，享受越多，祸害无穷，失去有什么可怕呢？

爱名，必付出代价；积聚过多，穷人怨恨越多，引发严重的社会问题，招致众人的反对，这种人会招致惨重的损失。所以，老子说，知足不会屈辱，懂得适可而止就不会有危险，可以平安地活下去。

四十五章

◎ 原文

大成若缺，其用不弊。大盈若冲[①]，其用不穷。大直若屈，大巧若拙[②]，大辩若讷[③]。躁[④]胜[⑤]寒，静胜热。清静为天下正。

注释：

① 冲：虚，与足相反。

② 拙：笨拙。

③ 讷：语言迟钝。

④ 躁：借代燥，干燥。

⑤ 胜：极点。

◎ 直译

自然而成的东西好似有残缺一样，但它的作用永远不会衰竭；最充盈的东西好像空虚一样，但它的作用不会穷尽；最直的东西好似弯曲一样；最灵巧的东西好似笨拙的一样；最卓越的辩才好似语言迟钝一样；干燥到极点就会变冷，静到无为处就会变热闹，清静无为才能统治天下。

◎ 讲解

本章讲，只有“道”，只有清静无为才能使天下“正”。世界上的万事万物总不能十全十美，人也一样。长如此，短如此，物以用为主。人应谦虚，不能不知满足，更不能自矜自夸。原文中的“大成”“大盈”“大直”“大巧”“大辩”，大是最好的，但都有不足的地方。我们常说，没有最好，只有更好，如果看不出“最好”“最充足”“最直”“最巧”“最善辩”的缺点和不足之处，则物就无法完美。天地造物，可谓大成。春生，夏长，秋肃，秋天树木凋落，但其用不弊。“盈”，足也，多也；但有道之人把它看成空虚无物一样，不显摆，而“用不穷”。最直的树木，细微考察，仍有弯曲的地方。“大巧”，比如一个陶瓷瓶，其用不变，但没有花纹和图案，也有不足。道理充足，但语言木讷，表达不流畅。所以，一是不要追求事物的最完善、最完美；二是作为能工巧匠，要谦虚谨慎，应看到自己的不足。

万物要顺其自然，要以无为、无名处之；有几个成语也能帮助我们理解，大智若愚，大巧若拙，物极必反。怎么顺应自然呢？静。静、无为不仅可以制热，而且心静自然凉。所以，清静、无为，才能使天下变得平稳，呈现自然之正态。

四十六章

◎ 原文

天下有道，却[①]走马以粪[②]，天下无道，戎马[③]生于郊[④]。祸莫大于不知足；咎莫大于欲得。故知足之足，常足矣。

注释：

① 却：退却，返回。
② 走马以粪：粪，用马粪作肥料；用战马耕种或用其粪肥沃庄稼。
③ 戎马：战马。
④ 生于郊：指母马生驹于战地的郊外。

◎ 直译

治理天下合乎“道”，就会太平安定，让战马退回农家，用于耕种或用马粪肥田，刀枪入库，马放南山。治理天下不合乎“道”，天下就会不得安宁，连怀胎的母马也要上战场，在战场郊外产下马驹。最大的祸患是人的不知足，最大的罪过是人的贪欲，最大的过失是贪得无厌。知道到什么程度就知足的人，永远是满足的。

◎ 讲解

有道之君，清心无欲，百姓安居乐业，战马耕种，马粪肥田，人人自得其乐。无道之君，贪欲无厌，纷争不已，不顾人民生计，发动战争，相互拼杀，以至于“戎马生于郊”，民不聊生。这些无道之君，其罪有三：其一，只要有利可图，什么坏事都干——满足贪欲；其二，为满足其贪欲，害人害己——不知足；其三，贪欲之心，上欺下诈，不得善终，咎由自取。结论是，要知足知止，知足常乐，知止不死。

四十七章

◎ 原文

不出户，知天下；不窥牖[①]，见天道[②]。其出弥[③]远，其知弥少。是以圣人不行而知，不见而明[④]，不为而成。

注释：

① 窥牖：窥，偷看，从小孔里看；牖，窗户。
② 天道：日月星辰运行的规律。
③ 弥：越发，更加。
④ 不见而明：不窥而能明了天道。

◎ 直译

不出户门，就能推知天下的事理。不望窗外，就可以认识日月星辰运行的规律。向外追逐以求知，他走得越远，懂得的道理就越少；所以，有“道”的圣人足不出户，却能推知物理，不窥见而能明了“天道”，不妄为而可以有所成就。

◎ 讲解

本章提出几种现象：足不出户而知天下；不看窗外而知天道运行规律；“出弥远”而“知弥少”。是什么原因呢？天下之事虽然纷繁复杂，春夏秋冬、日月星辰循时变化，无穷无尽，但天地生于无，无生有，有由一而二，二至三，万物生焉。“道”是万物之主，掌握了道，万变不离其宗。《大学》里讲修身治国之道，落实在先修其身，修身则要先正其心，正其心，先诚其意。让心与“道”同，这样一来，天下、天道尽在掌握之中。有“道”之心，可推而广之，一叶知秋，吃饭时想到啼饥号寒的老百姓。“不出户，知天下；不窥牖，见天道”。可不少人不认真修心、修道，不体悟天道，虽然整天忙忙碌碌、奔波不暇，却离“道”越来越远了，懂得的东西越来越少。

悟“道”的圣人不行而知天下，无为而成就天下之人。

四十八章

◎ 原文

为学[①]日益，为道[②]日损，损之又损，以至于无为，无为而无不为。取天下常以无事；及其有事，不足以取天下。

注释：

① 为学：探索外物的知识。

② 为道：道，无为之道，自然之道；谓通过冥想和体验，领悟事物未分化时的状态。

◎ 直译

求学的人，知识、文饰一天天地增长；求道的人，他的情欲、文饰一天比一天减少，减少又减少，最后达到“无为”的境界。如果能做到“无为”，即无私无欲地“为”，不妄为，任何事情都可以有所作为。治理国家的人，要经常以不干扰人民作为治国之本，即“无为而治”。如果经常下达这样或那样干扰老百姓的政令，那就不配治理国家了。

◎ 讲解

“为学”的人，增长知识、文饰；“为道”的人，欲望、文饰减少，去欲、去知，这样知、欲两忘，以至达到“无为”的境界。老子说“我无为而民自化”，无为而后可以大有作为，即“无不为”。治理国家的人，最可贵的是让老百姓无事，可以安心耕种，自耕自乐。日出而作，日入而息，可以安安分分过日子，天下就太平了。“有事”，指治国者无端地下达各种苛繁的政令，满足自己的欲望，这就是“扰民”，扰民就会失去人心，失去人心以致众叛亲离，这种人是“不足以取天下”，绝不能把天下治理好。

本章讲“无为”之德，是治理好天下的根本。

四十九章

◎ 原文

圣人无常[①]心，以百姓心为心。善者吾善之，不善者吾亦善之，德[②]善。信者吾信之，不信者吾亦信之，德信。圣人在天下慄慄[③]，为天下浑其心[④]，百姓皆注其耳目[⑤]，圣人皆孩之[⑥]。

注释：

① 常：一定，不移之志。
② 德：通“得”，得到。
③ 慄慄：音 dié，怵然，恐惧状。
④ 浑其心：使人心思化归于淳朴。
⑤ 百姓注其耳目：百姓都使用自己的智慧，生出事端。
⑥ 圣人皆孩之：圣人使百姓都回复到婴儿般纯真质朴的状态。

◎ 直译

圣人是没有执着之心、私心的，以百姓的心为自己的心。对于善良的人，我善待他；对于不善良的人，我也善待他，这样就可以得到善良了。对于守信用的人，我信任他；对于不守信用的人，我也信任他，这样就可以得到诚信了，从而人人都守信用了。有道的圣人在其位，常怵然恐惧的样子，使天下的心思归于淳朴，老百姓都看重自己的聪明才智而生出事端，有道的圣人使人们都回复到婴儿般淳朴的状态。

◎ 讲解

本章讲圣人以自己的行动教化人，使不善、不信之人恢复人的本性。

古之圣人，没有持久不变的私心，他以道的观念教化人，也就是以百姓之心、圣人之心教化人。文章举两个例子，对于善者、信者，固然善待他，信任他；对不善者，也以友善的心对待他，对不信者，也以友善的心对待他，信任他。因此，这两种人“得善矣”，“得信矣”。用这种实实在在的心，去感化他们，这就是以道化人。

所以，圣人在其位，治民时，常常心情急迫地追求，务使天下百姓的心思归复于淳朴。老百姓都看重自己的聪明才智，不能循道而行，以至生出事端。圣人则通过他的无为主张，使人们都回到婴儿时候的状态，无为无知，淳朴自然。

五十章

◎ 原文

出生入死。生之徒[①]十有三；死之徒[②]十有三；人之生，动之死地[③]，亦十有三。夫何故？以其生生之厚[④]。盖[⑤]闻善摄生[⑥]者，陆行不遇兕[⑦]虎，入军不被甲兵。兕无所投其角，虎无所措其爪，兵无所容其刃。夫何故？以其无死地。

注释：

① 生之徒：徒，类；长生的那类人。

② 死之徒：夭折的一类人。

③ 人之生，动之死地：人本来可以长生，却意外地走向死亡。

④ 生生之厚：求生的欲望太强，营养太甚，奉养过厚。

⑤ 盖：发语词。

⑥ 摄生：养生。

⑦ 兕：音 sì，犀牛。

◎ 直译

人出世而生，最终走向死亡。属于长寿的人有十分之三；属于短命的人有十分之三；本来可以活得长久些，自己却走向死亡之路的有十分之三。为什么这样呢？因为奉养过度了。据说，善于养生的人，在陆地上行走不会遇到凶猛的犀牛和老虎，在兵阵中也不会受到武器的伤害；对这种人，犀牛最厉害的头角也无处施展，老虎最厉害的爪子也无处可抓，兵器也无法将其刺伤，为什么这样呢？因为他没有进入死亡的地带。

◎ 讲解

本章重点阐明，善于养生的人，也就是得“道”的圣人能长寿的原因。

按照老子的观点，出生入死，是人生的整个经历，人一生下来就在向死亡前进，这是谁也逃脱不了的。懂得这个道理，人就不会对死亡感到恐惧，因为这是人生的常理，违背这个常理，想尽办法超越它，那就必陷于死地。不违背这个常理，正常生活，那么活下去的有十分之三，死也一样，也有十分之三。若为了活下去，想尽办法避开死亡，那会走向反面，这样的人也有十分之三。什么缘由呢？“以其生生之厚”，也就是求享受，过优裕的物质生活，甚至吃长生不老药，奉养太过分了，违反了常理，必陷于死地。

善于养生的人，掌握了生死之常理，遵守道德，不饥不寒又乐知天命，不畏死亡，生死不动其心。即使在路上遇到犀牛和猛虎，他们仍能慨然而行，心无邪思，见而不见；入于军阵之中，他们也泰然处之。有这种对生死的理解，犀牛的角再凶，虎爪更利，兵器再锋利，也拿他没有办法。“夫何故？”正常生活，无心害物，亦不怕死，置之死地而后生。

五十一章

◎ 原文

道生之[①]，德畜之[②]，物形之，势[③]成之。是以万物莫不尊道而贵德。道之尊，德之贵，夫莫之命[④]而常自然。故道生之，德畜之，长之育之，成之熟之；养之覆[⑤]之。生而不有，为而不恃，长而不宰，是谓玄德[⑥]。

注释：

① 生之：之，代词，指物；生之，使之生。

② 畜之：使之长大。

③ 势：力也，万物生长的自然环境。

④ 莫之命：莫，否定词；没有人指挥它、命令它。

⑤ 覆：维护、保护。

⑥ 玄德：上德。

◎ 直译

道生成万物，德养育万物。万物有各种各样的形态，自然环境促使万物生长起来。因此，万物没有不尊崇“道”和“德”的。“道”之所以被推崇，“德”之所以被看重，就是因为道生长万物而不加干涉，德养育万物，而不做养育万物的主宰人，顺其自然。因而，道使万物得到生长，德使万物得到养育，使万物得到长大，并得到保护，使之成熟，万物得到养育、得到保全。生长万物而不据为己有，养育万物而不自恃有功，万物繁茂而不主宰万物，顺其自然，这就是最高尚最奥妙的德。

◎ 讲解

本章讲道、德与万物之间的关系。道与德本是同体，德体道而生，其宗是无为而治。

道生万物，道是万物之根。万物由发芽、出土、成形、长成，必须护育，这就是“德”之功。“德畜之”，也就是日光、空气和水养育万物。因为“道”与“德”无形，就因万物而形之。离了“道”“德”，万物无由产生，“尊道贵德”也是自然之理。德养育万物，“生之”，“畜之”，“长之”，“育之”，“成之”，“熟之”，“养之”，“覆之”，皆自然之力。不搬弄，不折腾，让万物在祥和的天地之间自然地生长，道与德生万物、养万物，但从不占有万物，也不认为是自己的功劳，更不求做万物的主宰，这就是最高尚最微妙的道德。万物按照春夏秋冬生生不已，永不衰竭。

就我们学习《道德经》来说，“不占有”“不居功”“不主宰”，是我们要学习的。我们应有“道”与“德”那样的胸怀——虚怀若谷，这样，我们就会无往而不胜。

五十二章

◎ 原文

天下有始[①]，以为天下母[②]。既得其母，以知其子[③]；既知其子，复守其母，没身不殆。塞其兑[④]，闭其门[⑤]，终身不勤。开其兑，济其事，终身不救。见小曰明，守柔曰强。用其光，复归其明[⑥]，无遗身殃；是为袭常[⑦]。

注释：

① 始：本始，指“道”。

② 母：根源，指“道”。

③ 子：指由母产生的万物。

④ 兑：音 duì，指口，孔隙。

⑤ 门：指目、耳。

⑥ 用其光，复归其明：光向外照射，反照内在之明。

⑦ 袭常：袭承常道。

◎ 直译

天地万物都有起始，这个始是天地万物的根源。已经知道了这个根源（母），就能认识万物（子）。既然已经认识了万物，回过头来守住根本，那么终身就不会有危险。堵塞住欲念的孔隙，关闭好欲念的耳目，终身都不会劳累。打开欲念的孔隙，就会滋生情欲之事，那祸乱就来了，终身不可救药了。能够观察到细微，就叫明。能够坚守柔弱的，叫作强大。运用目光于外，见到情欲的世界，反照内在的明，就不会留下灾祸，这就叫作万世不变的常道。

◎ 讲解

本章讲道体与物用的关系，物用千变万化，但离不开道体。老子在这里用了一个非常形象的比喻，道体为母，万物之用为子，子不能离母，道体是万物的本源。列宁说过，忘本就是背叛。而背叛的结果是不可救药，必死无疑。“既知其子，复守其母”，知道万物由道而生，那么由道而生的万物，不管你怎么变化，都要“守中”，也就是归复于道，那样什么都会顺畅。

那么万物怎样才能“复归其母”呢？闭住你的嘴巴，关闭你的耳目，耳听之为声，目遇之成色，也就是面对繁复的贪念、情欲世界，非道勿看，非道勿言，非道勿听，这样你就护住了“道”，终身不会劳累。反过来，开口就是世俗的贪念、情欲，为情念、财货奔走不息，离开了根本，那就不可救药。

能看到万物出土、发芽，这么细微的现象，这才叫作明白。能坚守看似柔弱的东西，这才叫强大。出土发芽确实小，但既已存在，他们则是大树的根苗，由弱由柔变成既坚又刚，万物生长离不开光，必返归于明。这样，以道为本，本体并用，对社会、对个人大有益处。这就是传袭下来的“道”的常规。

五十三章

◎ 原文

使我介然有知[1]，行于大道，唯施是畏[2]。大道甚夷[3]，而民好径。朝甚除[4]，田甚芜，仓甚虚，服文彩，带利剑，厌饮食，财货有余，是谓盗夸[5]。非道也哉！

注释：

① 介然有知：介，稍微；稍有知识。
② 唯施是畏：唯畏施；施，指大道的推行。
③ 夷：平坦。
④ 朝甚除：朝，音 cháo；意为朝政败坏。
⑤ 盗夸：夸，奢侈；这里指强盗。

◎ 直译

若使我有细微的知识，行大道于天下，最担心的是推行与实施大道于天下时所遇到的困难。虽然大道十分平坦，仍有许多人弃之而走邪道，不走正道。不走正道者，使朝纲混乱，天地荒芜，粮仓空虚；而他们却穿锦衣，佩利剑，酒肉挥霍，并且抢夺老百姓的财货。这些才是真正的强盗，这种行为完全背离了大道。

◎ 讲解

本章写老子的慨叹：世道衰微，人心不古。大道的推行实施太难，令人畏惧。老子反复强调的是，无论做人做事，都应该遵循“道”的规则：清静无为，克制私欲，不强行妄为。可很多人不走正道，寻求歪门邪道，特别是那些君王，由于他们胡作非为，把朝廷搞得一团糟，致使老百姓田园荒芜，仓库空虚，民不聊生；可统治者呢？穿高档纹绣衣服，整天佩带着利剑，吃山珍海味，不厌其精，家里囤积着大量的财富，都是搜刮的民脂民膏，是老百姓的血汗。老子指责他们为强盗，是恰如其分的。这种做法是与“道”背道而驰的。本章开头讲的“唯施是畏”，推行实施大道实在太难了。

五十四章

◎ 原文

善建[①]者不拔[②]，善抱[③]者不脱，子孙以祭祀不辍[④]。修之于身，其德乃真；修之于家，其德乃余；修之于乡，其德乃长；修之于国，其德乃丰；修之于天下，其德乃普。故以身观身，以家观家，以乡观乡，以国观国，以天下观天下。吾何以知天下然哉？以此。

注释：

① 建：立。

② 拔：去。

③ 抱：抱住，固定、牢固。

④ 辍：停止，断绝，终止。

◎ 直译

善于以“道”立身立国的人，不会被拔除；善于抱住“道”的人，不会离开道，子继孙承，不会断绝。用这个道理来修身，他的德性一定是真实纯朴的；用这个道理来齐家，他的德性一定会使家丰盈有余；用这个道理来对待乡邻，他的德性一定会得到尊敬和崇拜；用这个道理来治理国家，他的德性一定会丰盛硕大；用这个道理治理天下，他的德性一定会无限普及。

所以，用修道之身来观察不修道之身，用修道之家来观察不修道之家，用修道之乡对照不修道之乡，用修道之国来观察不修道之国，用修道之天下对照不修道之天下，结果会怎样呢？结果不言而喻，完全不同，甚至相反。我是怎么知道天下是现在这个样子的呢？就是通过上面所讲的五个方面。

◎ 讲解

本章老子讲立身行事乃至治国平天下，都以修身为本，这一点与儒家的观点是一致的。《大学》讲“大学之道，在明明德，在亲民，在止于至善”。至善的根本在“修其身”“正其心”，怎么修身呢？老子的观点，“道”是“抱朴”“无为”，让“道”遍布你的躯体，那么你家一定就子传孙承，福祉绵绵不绝；你的家庭一片融和，父慈子孝，安享天伦之乐；治理的国家一定会风调雨顺，五谷丰登，百姓安居乐业。如果抱“无为”的道体，就会“不争”，就会兵戈止息，放马南山，天下太平，这就是圣人之德。老子用五个方面的对照，阐明修身、齐家、理乡、治国、平天下，一概都要以修身为根本。现实是，很多国家不是这样的，仍是尔虞我诈，兵戈不息，田园、庄家荒芜，灾乱不断，老百姓饥寒交迫，国且不国，天下纷争不止，人君贪得无厌，争夺不止。不以“道”修身，就是这个结果。

微信扫码
• 道德经朗读
• 趣说道德经
• 中华经典讲读
• 读书笔记

五十五章

◎ 原文

含德之厚，比于赤子。毒虫[①]不螫[②]，猛兽不据，攫鸟[③]不搏[④]。骨弱筋柔而握固。未知牝牡之合而峻作[⑤]，精之至也。终日号而嗌[⑥]不嗄[⑦]，和[⑧]之至也。知和曰“常”，知常曰“明”，益生[⑨]曰祥[⑩]，心使气曰强。物壮则老，谓之不道，不道早已。

注释：

① 毒虫：指蛇、蝎、蜂等有毒的虫子。
② 螫：音 shì，用尾上的毒刺刺。
③ 攫鸟：攫，音 jué，用脚爪抓取食物的鸟。
④ 搏：以翅膀击。
⑤ 峻作：峻，音 zuī，同“朘”，男孩的生殖器；男孩的生殖器勃起。
⑥ 嗌：音 yì，咽喉，嗓子。
⑦ 嗄：音 shà，声音沙哑。
⑧ 和：指阴阳二气和合的状态。
⑨ 益生：纵欲贪生。
⑩ 祥：妖祥，不祥的意思。

◎ 直译

涵养道德浑厚的人，就好比初生的婴儿，毒虫不螫他，猛兽不伤害他，凶恶的鸟不搏击他。他的筋骨柔弱，但拳头握得很紧；他虽然不懂男女交合之事，但他的生殖器勃然举起，这是精气充沛的缘故；他整天号哭，嗓子却不会沙哑，这是和气纯厚的缘故。知道醇和的道理叫作“常”，知道常的真谛叫“明”。贪生纵欲就会遭殃，欲念如果主使精气就叫作逞强，万物过于壮盛就会衰枯变老，这就不合于道了，不合于“道”，很快就死亡。

◎ 讲解

圣人道德高尚淳厚，情无嗜欲，有如初生赤子。赤子有什么特点呢？①赤子是精、气、神的自然产物，没有任何嗜好与欲望，一切顺其自然；②不争，无心伤害自然界的任何生物，反过来，自然界的毒虫、猛兽、隼鸟也不会伤害他；③骨柔筋弱，拳头握得很紧，这是他精气旺盛的缘故；圣人表面上至柔至弱，由于他们循道而动，精气饱满，能握住天下。婴儿不知道男女之事，但生殖器也能常勃起，这是因为他的精气神与生俱来。你看他整天号哭，嗓子不会沙哑，这是他内在的自然精力旺盛。厚德之圣人，从“道”出发，涵养深邃，也会具有婴儿的这些特点，知道淳厚、和顺的道理，在老子看来，就叫懂得规律，懂得并按照规律办事，才能叫明白了“道”的真谛。

圣人的一切顺乎自然，故能长寿、安定。相反，如果不是遵循自然，贪生纵欲，称霸逞强，以致精气耗尽，就会精竭枯黄，变老、死去，这就违反了“道”的基本原则。

五十六章

◎ 原文

知者不言，言者不知。塞其兑，闭其门[①]；挫其锐，解其纷；和其光，同其尘[②]，是谓玄同[③]。故不可得而亲，不可得而疏；不可得而利，不可得而害；不可得而贵，不可得而贱[④]；故为天下贵。

注释：

① 塞其兑，闭其门：兑，指口；门，指眼睛、耳朵。堵塞嗜欲的孔隙，关闭嗜欲的门径。

② 挫其锐，解其纷；和其光，同其尘：意思是，挫去他们的锐气，解除他们的纷扰，平和他头上光环，混同于尘世。

③ 玄同：与道微妙的相合。

④ 不可得而亲，不可得而疏；不可得而利，不可得而害；不可得而贵，不可得而贱：这几句话是说“玄同”的境界已经超出亲疏、利害、贵贱等世俗的看法。

◎ 直译

聪明的人不多说话，而到处说长论短的人就不聪明；堵塞嗜欲的孔隙，关闭嗜欲的门径；让他们不露锋芒，不生烦恼，收敛他们的光耀，让他们混同于尘世之中，这就叫作深奥的玄同。达到“玄同”境界的人，已经超出了世俗的亲与疏、利与害、贵与贱的范畴，所以就受到天下人的尊重。

◎ 讲解

本章讲得道的圣人不借助言辞来进行说教；而善于言辞辩解的人，自以为得“道”之真谛，要真正成为圣人，还必须加强自我的修养。怎么修养呢？首先要绝嗜欲，闭上嘴巴，关闭耳目。世俗之情五花八门，不能让这些东西侵入我们的肌体。其次要挫动其锐气，出风头，摆派头，会遭遇“枪打出头鸟”的危险；用修道的方式解决生活中的各种纠纷；以“和”为宗旨，让他们收敛自己的光芒，变成一个普通的人，在大自然中和普通人一样生存发展，这就是“玄同”。

达到“玄同”的境界，你就变成了圣人。圣人无为无不为，自然就超脱了世俗的亲与疏的关系；因为圣人“不争，天下莫能与之争”，远离了世人利与害的范畴，更没有了贵与贱之别，因为你已经混同老百姓了。这种人自然得到天下人的敬重。

“玄同”不易，但必须用修炼来达到这个境界。

• 道德经朗读
• 趣说道德经
• 中华经典讲读
• 读书笔记

微信扫码

五十七章

◎ 原文

以正[①]治国，以奇[②]用兵，以无事取天下。吾何以知其然哉？以此：天下多忌讳[③]，而民弥贫；民多利器，国家滋昏；人多伎巧，奇物滋起；法令滋彰，盗贼多有。故圣人云：我无为而民自化[④]；我好静而民自正；我无事而民自富；我无欲而民自朴。

注释：

① 正：这里指无为、清静之道。

② 奇：诡秘、奇巧。

③ 忌讳：忌，由于有压力，不能做的事；讳，君王、长上的名讳。

④ 自化：自我归化。

◎ 直译

用清静无为之道去治理国家，用奇巧诡秘的办法去用兵打仗，让老百姓达到无事的状态去治理国家。我怎么知道必须这样做呢？就看看下面的现实状况：一是天下的忌讳太多，老百姓更加贫穷；二是乡下老百姓掌握锐利的兵器太多，国家更加混乱；三是用技巧谋利太多，邪风怪事屡现，淳朴的风俗就会改变；国家的政令法规越多，盗贼就越多。因此，有道的圣人说，我清静无为，老百姓就自然归化（上行下效），我好静，人民就会归于清静，我少生事，人民自然就会富足，我没有私人欲望，人民就会自然淳朴。

◎ 讲解

本章进一步阐述了“无为而治”的重要性。

本章开宗明义地讲述了用清静、无为的正道去治理国家。虽然治理国家的过程中，免不了要出兵打仗，用兵打仗是不得已而为之，这就要用诡道、奇巧来对付；要以“无为”“无事”来治理国家。为什么必须这样做呢？现实的情况不容乐观，现实情况有四多。

一是君王多禁忌，今天不能动土，明天不宜打猎，老百姓不能违背禁忌，当干的事不能干，老百姓当然越来越贫困。

二是民多利器，一旦互相之间发生纠纷，就会斗殴，有利器在手，斗殴就会升级，这样就会使国家引起混乱，以至于不可收拾。

三是人多技巧，因为生活困难，老百姓就会自寻生计，能工巧匠就会活动频发，奇闻逸事层出不穷，务本之人就会减少，风俗习惯就会改变。

四是国多法令，就像法令、政策接连不停地出台，弄得老百姓手足失措，无所适从，不事生产，这样盗贼就会越来越多。

根据这种种乱象，有“道”的圣人正面提出自己的观点。

一是无为，我无为，老百姓就会自然归化，走入正途。

二是好静，不妄动，老百姓就会归于清静。

三是无事，不随意生事，按照春夏秋冬自然作息，人民就会富足。

四是无欲，不贪、不占、不居功、不自傲、谦逊下士，人民自然就淳朴像初民一样。

五十八章

◎ 原文

其政闷闷[①]，其民淳淳[②]；其政察察[③]，其民缺缺[④]。祸兮，福之所倚；福兮，祸之所伏。孰知其极？其无正[⑤]。正复为奇，善复为妖[⑥]。人之迷，其日固久。是以圣人方而不割[⑦]，廉而不刿[⑧]，直而不肆，光而不耀。

注释：

① 闷闷：昏昏昧昧的样子，含无拘束，有宽厚之意。
② 淳淳：纯朴厚道的样子。
③ 察察：严厉、苛刻，斤斤计较。
④ 缺缺：生计艰难，日用紧缺，以至抱怨。
⑤ 其无正：正，正确、标准；无，不。
⑥ 正复为奇，善复为妖：复，回归；方正回复于荒诞，善良转化为邪恶。
⑦ 方而不割：方正而不生硬。
⑧ 廉而不刿：廉，锐利；刿，音 guì，伤害。

◎ 直译

国家的政策宽松清明，人民便淳朴敦厚。国家的政策严酷烦琐，人民便生活艰难，产生抱怨。灾祸中藏着福祉，福祉中隐藏着灾难。谁能知道祸福变化的尽头呢？并没有确定性的标准。正常的转变为荒诞的，善良的转化为邪恶的，人们为此感到迷惑，已经很久了。所以，圣人方正而不生硬，有棱角而不伤人，正直而不放肆，光明而不耀眼。

◎ 讲解

以“道”治理国家，因为他的宗旨是无为，混混闷闷，百姓自操生计，没有干扰，民风就会纯朴自然；如果统治国家的人，制定各种条条框框，政令频发，老百姓应对不暇，无所适从，必导致民生凋敝，家庭不幸，遭到各种祸患。如果能反省检查，谨慎行事，谦虚待人，祸即可转化成福；相反，如果你生在福中，不懂得珍惜，为富不仁，贪得无厌，祸也就离你不远了；福祸的转化虽没有一定的标准，但这种转化是正常的。在生活中，正常的变化为荒诞的，善良的转化为邪恶的，表面看来令人疑惑不解，其实都在人心。有“道”的圣君能严格要求自己，正直却从不伤害别人，握着有棱角的兵刃，也绝不触着别人的身体，行为正直却不放纵自己、肆行无忌，光明正大却从不炫耀。这就是老子“无为”哲学在日常生活、工作中的指导作用。

五十九章

◎ 原文

治人事天[①]，莫若啬[②]。夫唯啬，是谓早服[③]；早服谓之重积德；重积德则无不克；无不克则莫知其极，莫知其极，可以有国；有国之母[④]，可以长久。是谓深根固蒂，长生久视之道。

注释：

① 治人事天：治人，治理百姓；事天，遵循天道，保守精气，养护身心。
② 啬：有而不用为啬，这里指爱惜。
③ 早服：服，同“复”；早返于道。
④ 有国之母：保国的根本、原则，这里指啬。

◎ 直译

治理百姓和修身养性，没有比爱惜财物和精神更为重要的了。爱惜财物和精神，就叫作先返于道，先返于道是重视积德，重视积德，就没有什么不能攻克的。能战无不胜，就没法知道他的力量，无法知道他的力量的人，就可以交付给他治理国家的重任。在治理国家的时候，就可以坚持“啬”的原则和道理，这样国运就可以绵长。这就叫作“根深蒂固”，根本深厚，国家就能长治久安。

◎ 讲解

本章讲的重点，就是要吝啬，即珍惜自己的精神、气魄，也珍惜自己的财物。治理百姓也好，修身养性也好，只有“吝啬”才是根本。天下万物都是道之所生，应该珍惜，人的精神气魄，是道给予的，应该保养。实际上“吝啬”就是珍惜，不伤物，不暴殄天物。老子说，“夫唯啬，是谓早服”，是什么意思呢？就是先返于道，这样返于道的吝啬，就是重视“积德”，这里的德与道同体，积累到一定程度后，就是“无为”，而“无为”就是“无不为”，“无不为”理所当然攻无不克。“无不为”的力量无穷无尽，可以治理国家，这种君王牢牢地把握了“国之母”。也就是说，君主在位，声色犬马，货利充塞于前，玉帛堆积于后，而君主以道自守，对这些东西，视而不见，淡然无欲，有用而不用。就精神气魄而言，圣人并包四海，智超万物，不动其性，不伤其物，没有任何私人的事要考虑，这就叫作“以吝啬治天下，根深蒂固”，这才是长久之道。

六十章

◎ 原文

治大国，若烹小鲜[①]，以道莅[②]天下，其鬼不神[③]。非其鬼不神，其神不伤人。非其神不伤人，圣人亦不伤人。夫两不相伤[④]，故德交归[⑤]焉。

注释：

① 鲜：小鱼。
② 莅：临。
③ 其鬼不神：鬼不起作用。
④ 两不相伤：鬼神和圣人都不伤害人。
⑤ 德交归：德性汇集就会归于人民，让人民享受德的恩泽。

◎ 直译

治理大国，好像烹煎小鱼。用“道”治理天下，鬼也不会作祟，不仅鬼不作祟害人，而且神也不伤人；不仅鬼神不伤人，有道之君也不伤人，圣人、鬼神都不伤害人。因此，就可以让人民享受德的恩泽。

◎ 讲解

治理万乘之大国，其实道理也非常简单，就像烹煎小河鲜一样，煎烹小鱼，须先把火调到最适当的位置，然后把小鱼放进锅里，盖上锅盖，千万不要打扰它、随意翻动它；要顺其自然，小鱼就完完整整烹好了，这就是无为烹小鲜。大国的治理，也像烹小鲜一样，勿乱动，顺其自然。用“道”治天下，“无为”足矣。这里说到了鬼神，你顺其自然，鬼神皆不知道，你不会触动鬼神，鬼神也不会触动社会；因为圣人治理天下，不伤害鬼神，鬼神也不伤害人，两不相伤。这样，国家就治理好了，可以让人民享受到德的恩泽了。

六十一章

◎ 原文

大国者下流，天下之交[①]，天下之牝。牝常以静胜牡，以静为下。故大国以下小国[②]，则取小国；小国以下大国，则取大国。故或下以取，或下而取。大国不过欲兼畜人[③]，小国不过欲入事人。夫两者各得其所欲，故大者宜为下。

注释：

① 交：汇集，汇总。
② 以下小国：小，作动词，谦卑；用谦卑的态度来与小国交往。
③ 兼畜人：兼，兼并；畜人，养护人。

◎ 直译

大国要像居于江海的下游一样，使天下的百川交汇到这里，处在天下雌性的位置。雌柔以安静守定胜过雄强，这是因为它处于柔下的缘故。所以，大国对小国谦卑、忍让，就能取得小国对他的信任，使其甘心依附；小国对大国谦卑，就可以被大国容纳。因此，大国对小国谦让，就可以取得小国对它的信任，使其依附它；小国对大国谦让，则可以见容于大国。大国的目的是保护小国，养护小国的人民；小国不过想依附于大国，侍奉大国；这样，大国和小国的目的都达到了。因此，大国特别应该谦让地对待小国，这就是“大国者下流”。

◎ 讲解

老子处于诸侯纷争的春秋时代，各国专心攻打别国，想吞并小国，他们凭借势力，却不知用德去感化小国，用动不用静，以至民生涂炭，本章提出以静制动、以德服人的观点。

大国雄强，则须用谦卑、礼让的态度对待小国，小国自知势力太小，随时都有被兼并的可能，因此，遇到谦卑的大国，它就会小心谦卑地对待大国，并心甘情愿地归附于它。这里一个“下”字是关键，“下”，谦卑，自古“谦”受益。这样一来，双方的目的都达到了。

本章强调以静胜为主，不要以力相争。

六十二章

◎ 原文

道者，万物之奥[①]，善人之宝，不善人之所保[②]。美言可以市，尊行可以加[③]人。人之不善，何弃之有？故立天子，置三公[④]，虽有拱璧[⑤]以先驷马，不如坐进此道[⑥]。古之所以贵此道者何？不曰求以得[⑦]，有罪以免邪[⑧]？故为天下贵。

注释：

① 奥：角落，不被人看见的地方。
② 保：保全、保持。
③ 加：在这里是受到重视的意思。
④ 三公：太师、太傅、太保。
⑤ 拱璧：很大的宝玉。
⑥ 坐进此道：进入清静无为的道。
⑦ 求以得：有求就能得到。
⑧ 有罪以免邪：有罪的人得到道，可以免去罪过。

◎ 直译

道是荫庇万物的，存在于不显眼的地方。善良的人把它看成宝物，不善的人也要用道来保全自己。美好的语言可以用来获得别人尊重，尊贵的行为可以受到别人重视。不善之人，怎么可以被人抛弃呢？因此，天子即位，设置太师、太傅、太保等三公，用以教化不善之人，与其将很大的宝石和奔驰的驷马送给他，不如教他依道修行。所以，自古以来，人们这么看重“道”的原因在哪里呢？在于有求有得，有罪求它也能免罪，这就是人们看重“道”的原因。

◎ 讲解

道无形无声，但它就存在于你的周围，哪怕是在最偏僻的角落。不管你是善良的、不善良的，甚至有罪的，都能得到“道”的荫庇和保全。固然美好的言辞，可以使人获利，尊贵的行为可以产生影响，使凡人受到人们的重视。人们立天子，置三公，用以教化百姓，甚至拿着珍贵的宝石，驾着四马的车子，去寻找贤人异士，可那有什么用呢？你不如把“道”献给他，让他无忧无虑，自自然然地生活，就不会有不遵“道”而行的，哪里来的弃人？自古以来，人们重视“道”，遵“道”而行的原因是什么呢？有求，就必有得；有罪过可以免去罪。这就是人们以“道”为贵的原因。

全文紧紧围绕“道者万物之奥，善人之宝，不善人之所保”，劝导世人勉力修道悟道。

六十三章

◎ 原文

为无为，事无事，味无味[①]。大小多少[②]。报怨以德。图难于其易，为大于其细；天下难事，必作于易；天下大事，必作于细。是以圣人终不为大[③]，故能成其大。夫轻诺必寡信，多易必多难。是以圣人犹难之，故终无难矣。

注释：

① 为无为，事无事，味无味：把无为当作为，把无事当作事，把无味当作味。

② 大小多少：小、少，作动词；把大的看作小的，大生于小，把多的看成少的，积少成多。

③ 不为大：指有道之人不自以为大。

◎ 直译

以无我无欲的态度去有所作为，以不生事的方法去处理事务，把淡然无味作为有味。大生于小，多起于少，怨恨产生于细微的事物，要以德化解。处理难的问题，要从容易的地方入手；天下的大事，要从细微的部分开始。因此，有道的圣人不贪图作出大的贡献，所以才能做成大事。那些轻易答应别人、承诺别人的人必定失信于人。把事情看得太容易的人，必定会遭受很多困难，因此，圣人总是看重困难，自然就没有困难了。

◎ 讲解

本章老子告诫我们，怎么做事，实在是人生的大智慧，总结起来有五个方面：

第一，“为无为”，“事无事”，“味无味”，无为、无事、无味，这正是道的核心。告诫人们不要为了名利财货去“为”，去“事”，去品“味”，这样就无所不为，就能事事顺畅，就能品出真味，按照佛教的说法，做事、敬神、品味都要“无我相”“无人相”“无众生相”“无寿者相”。这一条告诉我们，只要把握了道，就无所不能。

第二，大始于小，多起于少，凡事要看重小，看重少，贵从贱起，九层之台起于累土。如果因大小多少产生纠纷，就应以高尚的道德去化解，用谦让低下的姿态化解矛盾。

第三，遇到难事从易处着手，干大事先从细微事务开始。在历史上，凡成就伟业的人，无不是从细微的工作开始。

第四，不轻信。往往轻易许诺别人的人，他答应你什么，许诺你什么，往往不能兑现的，这种人是无信用之人。

第五，看起来容易的事情，一定很困难，立足于难，天下就没有难事了。

六十四章

◎ 原文

其安易持，其未兆易谋；其脆易破[①]，其微易散。为之于未有，治之于未乱。合抱之木，生于毫末[②]；九层之台，起于累土；千里之行，始于足下。为者败之，执者失之。是以圣人无为，故无败；无执，故无失。民之从事，常于几成而败之。慎终如始，则无败事。是以圣人欲不欲[③]，不贵难得之货；学不学[④]，复众人之所过，以辅万物之自然，而不敢为。

注释：

① 其脆易破：物品脆弱就容易破裂。

② 毫末：细小的萌芽。

③ 欲不欲：想常人不愿意想的事物。

④ 学不学：学常人不愿意学的事物。

◎ 直译

局面安定时容易保持，事情没有出现兆头时容易图谋。事物脆弱时容易破碎，事物细微时容易散失，要在它尚未发生时就处理妥帖，治理国家要在祸乱产生之前就做好准备。

合抱的大树由极细微的小树芽长成，九层的高台是由累积土块而建成的，千万里的远行是从脚下的第一步开始的。存心有所作为必定招致失败，有所执着将会遭受损害；圣人“无为”就不会招致失败，无所执着自然不会遭受损害。人们做事情经常是在快要接近成功时失败，所以，做事情从开始直到完成，都要像刚开始时那样慎重对待，这样就没有办不成的事情。

因此，有“道”的圣人追求一般人所不追求的事情，不稀罕难以得到的货利，学习常人不愿学习的东西，补救众人经常犯的过错，这样遵循万物的自然本性而不干预，所以，圣人无为。

◎ 讲解

有两个成语，一个是“见微知著”，一个是“防微杜渐”：前者说，见到细微的就知道它一定彰显，后者说，治国修身，要防止细微的变化，及时杜绝慢慢滋生的东西。

其实，老子这一章说的就是这个意思。局面安定，没有祸乱，百姓安居乐业，就容易把持；祸乱还没有任何兆头时，就容易图谋，但是你必须有所察觉，“脆破”“微散”，如果先有所察觉，在这一切未发生之前就做好准备，苗头就会消散在孕育阶段。

无论什么事情，形成一种势力，都有一个由小到大的过程，合抱的大树、九层的高台、千里的行走，都是由微小的东西，“毫末”“累土”“跬步”等逐渐形成的，在它的形成阶段，处理是容易的，治理国家的人必须见微知著，早做好准备，让祸乱被扼杀于微小之时。当时的统治者，为了某种目的，刻意为之，因为他没有看重自然规律，这种人一定会失败，执着地坚持，就会失去民心，按“道”行事，无为，所以就无败，不执着就不会失去民心。

“功败垂成”，指马上就要成功时却失败了。为什么呢？善始必须慎终，如果你做事，从始至终都像开始时一样认真，就不会失败。圣人做事非常慎重，崇尚自然，与当时的平常人为了名利而考虑的东西是完全不同的，平常人以难得之货为珍宝，想据为已有，而圣人想的不是平常人所想的（“欲不欲”），平常人学的也是以个人名利财货为中心，圣人无欲，不学这些东西（“学不学”），圣人只是坚持无为来纠正他们常犯的过错。

六十五章

◎ 原文

古之善为道者，非以明民[①]，将以愚之[②]。民之难治，以其智多[③]。故以智治国，国之贼[④]；不以智治国，国之福。知此两者，亦楷式[⑤]。常知楷式，是谓玄德。玄德深矣，远矣，与物反[⑥]矣，然后乃至大顺[⑦]。

注释：

① 明民：使百姓明白，让人民明白、知道巧诈。

② 愚之：使之愚；这里的“愚”，是指朴实、诚厚，没有巧诈之心。

③ 智多：智，本意为聪明，这里指巧诈、奸伪。

④ 贼：伤害国家的人。

⑤ 楷式：楷模、榜样；引申为法则。

⑥ 反：同“返”，返回。

⑦ 大顺：自然。

◎ 直译

古代善于行道的人，不是让百姓知道伪诈，而是教导人民纯朴厚道。百姓之所以不容易治理，就是因为百姓太用心机、智巧生事。用心智、狡诈治理国家的人，就是伤害国家的人。不用心机、智巧治理国家，才是国家的福气。了解用智、用“愚”两种治理国家方式的差别，也就知道了治国的法则。常知治国的法则，就叫作深奥微妙的品德，这种品德既深又远，让具体事物返回到真朴的境界，这样才能顺乎自然，达到无为、纯真的本质境界。

◎ 讲解

孔子说“民可使由之，不可使知之”，由此可见，在对待老百姓的问题上，道家和儒家的观点是一致的，就是实行“愚民”政策，让老百姓任你安排。但是道家的观点不在这一层面上，上一章讲过，圣人“欲不欲”“学不学”，也就是说，有道之人要的是没有个人私欲，学习的东西也不是世俗之人所追求的。圣人在上，离欲清心，一无所好；那么，在下的百姓各安日常，居于自然。“非以明民”，即不让老百姓用心智、设巧诈，你争我抢，尔虞我诈。“愚之”，不是让百姓愚蠢、愚昧，而是让百姓清静、纯朴、木讷。百姓中你争我抢多了，尔虞我诈多了，国家就乱了，百姓就穷了，称这类以“智”治国的人为“国之贼”便是很自然的了。圣人治国，明白“非以明民”“将以愚之”这两种方法本质完全一样，就是以“道”治民，以“无为”治民。理解深透，并用力实行，这就是“玄德”，用这种“玄德”化民，自然天下归心，国家大顺。

六十六章

◎ 原文

江海之所以能为百谷[①]王者，以其善下之，故能为百谷王。是以圣人欲上民，必以言下之；欲先民，必以身后之。是以圣人处上而民不重[②]，处前而民不害。是以天下乐推而不厌。以其不争，故天下莫能与之争。

注释：

① 谷：山谷，两山之间低洼积水之处，引申为川。
② 重：累，不堪负重。

◎ 直译

江海能成为百川最终所汇集的地方，是它善于处于低下地方的缘故，所以它能够成为百川归往之处。圣人要领导人民，必须谦逊地对待百姓。要想领导人民，必须把自己的利益放在百姓的后面，这样，有道的圣君的地位居于人民之上，而人民并不感到负担沉重，地位居于百姓之前，人民并不感到受害。天下的百姓都乐于推举、爱戴而不感到厌倦。因为他不与百姓争，所以天下人就没有与他相争了。

◎ 讲解

本章就是教导为人君者，必须像海纳百川一样，无私无欲，顺势而为，这样就能使天下百姓自然归附。像水一样，处于谦卑低下的地位，不加重人民的负担，更不会伤害人民。不强制要求百姓尊重，让百姓感受不到君主的天威，自自然然，安安乐乐。这样的君主，必受人民的爱戴。君主无私无惧，自然无争，正是因为他不争，所以，天下人就没有与他相争的了，就像古代的尧、舜、禹。没有私产，没有私欲，有事身先士卒，无事与群众打成一片，相传大禹治水时，化身猛兽在前面开路，九年治水，三过家门而不入，所以得到人们的拥戴，得到人们的歌颂。

六十七章

◎ 原文

天下皆谓我道大[①]，似不肖[②]。夫唯大，故似不肖。若肖，久矣其细也夫！我有三宝[③]，持而保之：一曰慈，二曰俭，三曰不敢为天下先。慈故能勇；俭故能广；不敢为天下先，故能成器长。今舍慈且勇，舍俭且广[④]，舍后且先，死矣！夫慈，以战则胜，以守则固。天将救之，以慈卫之。

注释：

① 我道大："我"即"道"，"道"即"我"，这里的"我"不作自称解释；意思是我道伟大。

② 不肖：不像，这里指没有任何东西与道相似。

③ 三宝：三条原则。

④ 广：大、多，指财富多。

◎ 直译

天下人都说道伟大，不像任何具体的事物的样子，正因为伟大，所以才不像其他任何事物。如果它像其他任何具体事物，那道就渺小了。我有三条重要原则：我一直坚持并保全它，一是慈爱，二是节俭，三是不敢处在天下人的前面。有慈爱心就能勇武，节俭就能聚集更多财富，事急时就能大方，不敢居天下先，有了这种品德就可以成为国家的领袖。而现在的情况是，丢弃了慈爱而追求勇武，丢弃节俭追求奢侈大方，舍弃退让而力争冒尖，结果只能走向死亡。用慈爱之心征战就能胜利，用慈爱心来防卫就能稳固，遇到危险老天就会救助他，用慈爱心来保护他。

◎ 讲解

天下之人都说“道”是伟大的，它的伟大之处就在于它不同于一般，在于它的“不肖”，与其他的任何东西都不相像。不少人认为，有权有势、有钱有货是伟大的，道能像它们吗？如果像它们一样，那就不成其为道了，那就太渺小了，也不值得人们去修、去悟了，这是明摆着的事实。成就道的伟大，要有老子所说的“三宝”：一是慈爱，就是像母亲爱护婴儿一样，非常可贵的爱心，有慈必有孝，父慈子孝，因此，如果有急，子必勇敢地维护、尽孝道。

二是节俭，节俭是为了聚财，不铺张，不浪费，财富多了，遇到灾荒、战乱，心就不慌，就能渡过难关，戒奢侈戒铺张，于国于家大有益处。三是不敢为天下先，道以清静无为为本，自守常道，不冒尖，不冒险，这种人可以治理好国家。拥有和保护这“三宝”，正是道伟大、宏远的原因。不以这“三宝”治国，没有爱心的勇敢就变成莽撞；不节俭以积储财富，反而奢侈浪费，一遇灾荒只能挨饿；好出风头，冒险行事，置人民于不顾，自然就只有死路一条。有这“三宝”，就得民心，顺天意，有难天必救之，这里的“天”，是指百姓竭忠尽信。

六十八章

◎ 原文

善为士[1]者不武，善战者不怒，善胜敌者不争，善用人者为之下。是谓不争之德，是谓用人之力，是谓配天古之极也[2]。

注释：

① 士：武士，这里指将帅。
② 配天古之极也：符合自然的道理。

◎ 直译

善于领兵打仗的将帅，不逞自己的勇武；善于打仗的人，不轻易被激怒；善于战胜敌人的人，不与敌人正面争斗；善于用人的人，为人谦虚。这就叫作不与人争的品德，这叫作借助、使用别人力量的能力，这叫作符合自然的规律。

◎ 讲解

本章承接上一章的“三宝”中的“慈”和“不敢为天下先”。打仗是凶险的事，圣人为人君时实属不得已为之，但是，即使打仗也不可失去“仁慈心”，善于打仗的将领必须爱士卒，用仁慈，讲道德，不以武力欺辱孤弱。善于打仗的人，临阵应心绪平静，沉着应战，不被敌人的激将法激怒而杀戮。有把握战胜敌人的人，以和解为上策，不为利所动，因势而取，达到不战而屈人之兵之目的。明代王阳明指挥几次战争，都不以“争一城一池”为目的，不以“杀戮敌方士卒”为目的。明君善于用人，人尽其才，并使其全心全意为其服务，君主必须谦逊下人、尊重人，人才会真心归服并忠贞不贰，这样，你就可以用人之智，用人之力，这样的君臣配合，是道的配合，是自古以来最好的配合。

六十九章

◎ 原文

用兵有言：吾不敢为主[①]，而为客[②]；不敢进寸，而退尺。是谓行无行[③]，攘无臂[④]，仍无敌[⑤]，执无兵[⑥]。祸莫大于轻敌，轻敌几丧吾宝。故抗兵相加[⑦]，哀者胜矣。

注释：

① 为主：主动进攻。

② 为客：被动退守，不得已而应战。

③ 行无行：行，音 háng，阵势；虽然有阵势，却像没有阵势可摆。

④ 攘无臂：攘，挥的意思；虽然想挥臂，却像没有臂膀可以挥一样。

⑤ 仍无敌：仍，同“扔”，就、接近的意思；虽然想跟敌人交战，却无敌人可面对。

⑥ 执无兵：兵，兵器；手里拿着兵器，却像没有兵器可拿。

⑦ 抗兵相加：两边力量相当。

◎ 直译

古代用兵的人说过，我不敢主动进攻，而采取防守的办法；不敢前进一寸，宁可后退一尺。这就叫作，虽然有阵势，却像没有阵势可摆；虽然要挥臂指挥前进，却像没有臂膀可以挥动一样；虽然面对敌人，却好像没有敌人可消灭一样；虽然有兵器，却像没有兵器可拿一样。在战场上，祸患没有比轻敌更大的了，轻敌几乎丧失了我的“三宝”，所以在两军势力相当时，慈爱、怜悯的一方可以获得胜利。

◎ 讲解

本章讲的是“慈爱”之心的重要。战争是杀人、冲锋、略地的行为。有慈爱的人应尽量避开，怎么避开呢？决不主动攻击，采取被动防守策略。首先，这取决于参战者的思想，为了贪欲，为了权力，专门攻打别人，取财灭国，要避开很难。有慈心的君主，没有争城略地的欲望，万不得已而应之，没有功利的目的，虽处两军对垒的场面，他不进反退，只担心伤了士兵。他爱的不仅是自己的士兵，同样担心对方的士兵。因此，不进，保护对方的士兵；反退，让自己的士兵避死就生。双方摆着阵势，他心里没有阵势；主帅要进攻时，他却像没有手臂指挥一样，心里只有慈心、爱心，故“攘无臂”“仍无敌”“执无兵”，这样的军队，自然能感化敌对一方。其次，老子提出，在打仗时，祸患最大的是轻敌，由于轻敌，勇猛冲杀而又缺乏充分的准备，猛杀猛打，这种轻敌行为，它必招致死亡，让慈爱之心无处可用，也感化不了敌人。最后指出，两兵势力相当，哀兵必胜；哀兵，实指互相怜惜，互相照顾，体现互相之间爱心的一方。有慈心、有爱心，岂有不胜之理。

微信扫码

• 道德经朗读
• 趣说道德经
• 中华经典讲读
• 读书笔记

七十章

◎ 原文

吾言甚易知，甚易行。天下莫能知，莫能行。言有宗[①]，事有君[②]，夫唯无知，是以不我知[③]。知我者希，则我者贵[④]。是以圣人被褐怀玉[⑤]。

注释：

① 言有宗：言论一定要有主旨。

② 事有君：君，依据；意指办事要有依据。

③ 不我知：不知我，否定句，宾语前置。

④ 则我者贵：则，法则；以我为法则，就可贵。

⑤ 被褐怀玉：被，音 pī，同“披”；褐，黑色的粗麻布衣；玉，美玉，引申为杰出的才能；意为，穿着普通人的衣服，怀揣杰出的才能。

◎ 直译

我的话很容易理解，也很容易实施，但天下却没有能理解我的人，也没有人实施我的主张。我说的话主旨很明确，行事都有根据。人们不懂这个道理，所以，理解我的人就少了，了解我的人少，取法于我的人就更难得了。因此，有道的圣人穿着下层人民的普通粗布衣服而怀里揣着美玉。

◎ 讲解

老子一直主张不以言教人，偶一为之，则明明白白。他的话每句都以“自然”“无为”为宗旨，按照这个宗旨，任其自然行事，就完全可以了，可“天下莫能知”“莫能行”。这里要弄清的“天下”，即“天下之人”，是些什么人呢？就是有知于智巧、有知于功利的人，他们孜孜以求，就是为了功名利禄，也就是“闻道大笑之”的那些人。“道”既然对他们的欲念没有帮助，自然就“不我知”了。

老子之言，主旨、中心明确，又切实可行，任其自然就行了。“夫唯无知，是以不我知”，原因分析十分准确。在当时真正守真如一、清静无为的人是很稀少的。至于以道为法则，效法老子的人就更难得了。最后，老子赞扬圣人“被褐怀玉”的特点，披褐，穿着黑色的粗麻布衣，这就是“和同”，和普通老百姓一样，你看不出他是圣人，可他却怀着珍贵的修身、齐家、治国、平天下的大知识、大本领。因此，劝导人们修道、悟道。

- 道德经朗读
- 趣说道德经
- 中华经典讲读
- 读书笔记

七十一章

◎ 原文

知不知[①]，上；不知知[②]，病。是以圣人不病，以其病病[③]，是以不病。

注释：

① 知不知：能够明白“不知”。

② 不知知：不知道，却以为自己知道。

③ 病病：前“病”，把……当作毛病；后“病”，缺点、毛病；病病，意为把缺点当作毛病。

◎ 直译

能够明白“不知”，是最高尚的一种德性。不知道却以为知道，并张扬，这就是毛病。有道的圣人没有这个缺点，正是因为他把不知却以为知的缺点当成缺点，因此，圣人没有缺点。

◎ 讲解

道主张清静无为，谦逊下人，即使自己知道的东西，也不张扬，也不自夸，表现出愚笨的样子，这就是上等的品德。而世俗之人对于自己不知道的东西，强装成知道，以此炫耀于人前，这就是毛病、缺点。孔子说：“知之为知之，不知为不知，是知也。”实话实说，也是一种好的品德，是真聪明的表现。能够把不知却以为知当作缺点的人，是没有缺点的聪明人，圣人之所以没有缺点，就是因为他把自以为“知”的人的缺点指了出来。

七十二章

◎ 原文

民不畏威[①]，则大威[②]至。无狎[③]其所居，无厌其所生。夫唯不厌，是以不厌[④]。是以圣人自知不自见，自爱不自贵。故去彼取此。

注释：

① 威：威势，统治者的镇压。
② 大威：死期，大祸乱。
③ 狎：音 xiá，接近，含有邪的意思。
④ 厌：恶，讨厌。

◎ 直译

人民不惧怕统治者的威压，大的、可怕的祸乱就要到了；不要让威压侵扰人民的居所，不讨厌人民赖以为生的方式。正是因为不讨厌其生存方式，所以生存方式也不会使其感到厌恶。因此，圣人有自知之明，但不自我表现；爱护自己的生命，却从不以为自己高贵。因此，要舍弃后者，保留前者（即保留“自知”“自爱”）。

◎ 讲解

民不畏威，是非常危险的，人人应有敬畏之心。君子“畏天命、畏大人、畏圣人之言”，心存敬畏，就可以免难，千万不能轻视身边细微的事物，如果你不重视细微的东西，细微的随时可以变成大的、不可战胜的祸患。防微杜渐，要安居乐业，必须防止微小的慢慢滋生的祸乱。怎么防止呢，孟子择邻而居，选择好居住的地方，不让有可能带来祸患的东西靠近你的住所；二是不要厌恶自己的生存方式，要坚持无为清静，安于自然，这样祸乱就绝不会伤害你。圣人知道这个道理，但不表现有先见之明。爱好自身，爱好自己，清静无为，但不认为自己高贵，坚持自知、自爱，去掉自见、自贵，平平淡淡，就不可能遭受祸患，也不会让小的祸患滋生。

七十三章

◎ 原文

勇于敢则杀，勇于不敢则活。此两者，或利或害。天之所恶，孰知其故？是以圣人犹难之。天之道，不争而善胜，不言而善应，不召而自来，繟[①]然而善谋。天网恢恢[②]，疏而不失。

注释：

① 繟：音 chǎn，舒缓。
② 天网恢恢：天网，自然的罗网；恢恢，宽广。

◎ 直译

勇气用于“敢”，那一定被杀；勇气用于“不敢”，就可以活下来。“被杀”和“活下来”，哪个有利，哪个有害，谁能知道天意呢？因此，即便是圣人也感到很为难啊！道，不争，故善胜；道，不言，却善于回应；道不召而自来；坦然、舒缓善于谋划。对于人的善恶，谁死谁活，自有天道，天网宽大无边，虽然宽松而不细密，但不可能有所遗漏、疏失。

◎ 讲解

老子认为，有两种不同的勇敢，一种是胆大妄为、肆无忌惮、奸淫抢掠，无所不至，这种勇敢的结果，必然是被杀。另一种则是不忘乎所以，知道什么该做，什么不能做，就能保全自己。在“杀”与“活”之间，勇者须有大智慧。“不敢为天下先”，就能活下来。依天道，不争自胜，不言善应，不召自来，能坦然谋划。老子的名言，“天网恢恢，疏而不失”。谁该死，谁该活，自有天道决之。作恶的，守道的，自有明确的标准。不会让恶人漏失，绝不会妄杀有道之人。

七十四章

◎ 原文

民不畏死，奈何以死惧之。若使民常畏死，而为奇者[①]，吾得执[②]而杀之，孰敢？常有司杀者[③]杀。夫代司杀者[④]杀，是谓代大匠斫[⑤]，希有不伤其手者矣。

注释：

① 为奇者：奇，诡异，奇诡；指干坏事、作恶的人。

② 执：拘押。

③ 有司杀者：指专管杀人的人。

④ 代司杀者：指代替专管杀人的人。

⑤ 斫：音 zhuó，用刀砍。

◎ 直译

人民不畏惧死亡，为什么用死亡威胁他们呢？假如要使人民常常畏惧死亡，对于为非作歹的人，我们就把他抓起来杀掉，谁还敢为非作歹呢？常常有专管杀人并执行杀人任务的管理者。代替专管杀人的管理者去杀人的，就如同代替高明的木匠去伐木一样,很少有不砍伤自己手指的。

◎ 讲解

民不畏死，有两种情况：一种情况是，懂得常理的人，他们依自然之法，耕田自食，织布自穿，安居乐业，养生和顺，不做坏事，不畏死是正常的；另一种情况是，违背常理，为欲望而冒险，乃至杀人越货，这种事做多了，也不惧怕死亡。司杀者，清楚明白地把那些杀人越货专干坏事的人“执而杀之”，以儆效尤，杀了这样的人是为民除害，看谁还敢冒死干尽坏事？

司杀者，居高临下，天网恢恢，疏而不失，就本质而言是爱护人民，警示违犯者走上正道，不做坏事。但是，代司杀者都是代替自然造化施行刑法，如果不严格根据刑法，心存杂念，胡乱杀戮，那也会伤了自己的本性，也会害了自己，就像代替高明的木匠砍木头一样，容易伤了自己的指头。

本章讲的是天道无言，而赏罚分明，人民当敬天保民，不可嗜杀而伤了本性。佛经告诫人们“诸恶莫作”，人人头上有“神明”。

七十五章

◎ 原文

民之饥，以其上食税之多，是以饥。民之难治，以其上之有为[①]，是以难治。民之轻死[②]，以其求生之厚[③]，是以轻死。夫唯无以生为[④]者，是贤[⑤]于贵生[⑥]。

注释：

① 有为：苛法繁重，胡作妄为。
② 民之轻死：人为财死，在金钱财富面前，把生死看轻。
③ 求生之厚：奉养过于丰厚、奢侈。
④ 无以生为：不要使生活上奉养过分奢侈丰厚。
⑤ 贤：胜过。
⑥ 贵生：以生命为宝贵，厚养生命。

◎ 直译

老百姓的饥饿，是由于统治者收取的税赋太多，所以老百姓饥饿。老百姓难治，是因为统治者政令繁多而苛刻，所以老百姓难治。老百姓之所以看轻生命，以至于冒险，是因为他们过分追求和看重生活上奉养丰厚，所以很容易为了名利货色去死。只有不追求生活享受的人，才胜过看重自己奉养而奢侈的人。

◎ 讲解

民以食为天。民之饥饿，民之难治，民之轻死，皆由国之统治者造成。一是赋税太多，且被贪官所占，春秋时期，一夫耕种，本不足以奉养父母妻子，如果轻徭薄税，尚可维持生计，如果税赋繁重，就只有饿肚子的份儿了。为了活命，百姓或逃亡或偷盗，这就是难以治理的原因。“上之有为”是什么意思呢？统治者贪污浪费，巧立名目，尽行搜刮，使得民不聊生，这才滋生事端，才难治。二是国家统治者追求奉养丰厚，追求名利货色，上行下效，百姓也会追求物欲，崇尚奢靡，必轻死，冒险去追求。封建社会的一些统治者，一朝权在手，便把令来行，征抢不断，以供自己奢侈放荡的生活，老百姓的活路全部被堵死了，社会风气也被带坏了，才造成了“饥”“难治”“轻死”的局面，只有那些无为而治、轻徭薄赋、以民为本、不事自奉的人，才能治理好国家。

七十六章

◎ 原文

人之生也柔弱[①]，其死也坚强[②]。万物草木之生也柔脆，其死也枯槁。故坚强者死之徒[③]，柔弱者生之徒。是以兵强则不胜，木强则共[④]。强大处下，柔弱处上。

注释：

① 人之生也柔弱：人活着时，身体柔软。
② 其死也坚强：人死了以后，身体变得僵硬。
③ 徒：类，一类人。
④ 共：同“拱”，合抱的大树。

◎ 直译

人活着的时候，身体是柔软的；人死了以后，身体就变得僵硬了。草木生长时是柔软脆弱的，死了以后就变得干硬枯槁了。所以，坚硬的东西属于死亡那一类，柔弱的东西属于生长的一类。因此，用兵逞强就会遭到灭亡，树木坚实了，就会遭到砍伐摧折。凡是强大的，总处于下位；凡是柔弱的，则处于上位。

◎ 讲解

老子在这一章用人所共知的比喻，只为了说明一个道理：柔弱胜刚强。柔弱者生，而逞刚强者死。人柔弱，必得以成长；而自逞刚强者则走向死亡。

春天的草木，柔弱可绕圈，但生机勃勃，欣欣向荣。树木长大，变成合抱之大树，草木可依附之、依托之，而如果高大了，高高在上，则必遭狂风暴雨、肃杀的秋气和寒冬的冰雹所摧折。老子以“虚心”“无为”“不敢为”来作为教人的根本，做人也好，用兵打仗也好，都以柔弱为胜敌之本，而逞强、逞刚者必败，统治者应该吸取这个教训。

七十七章

◎ 原文

天之道，其犹张弓乎？高者抑之，下者举之[①]，有余者损之，不足者补之。天之道，损有余而补不足。人之道[②]则不然，损不足以奉有余。孰能以有余奉天下？唯有道者。是以圣人为而不恃，功成而不处，其不欲见贤邪？

注释：

① 高者抑之，下者举之：张弓搭箭时，看准猎物，高了压低一些，发低了就举高一点点。

② 人之道：指人类社会一般的法则。

◎ 直译

自然的法则，不像张弓射箭吗？高了就把它压低一点，低了就把它举高点，拉得过满就放松一点，拉得不足就把力度补充一点。自然的规律，就是减少有余的，补充不足的。可社会的法则却不是这样的，减少不足的，奉送给有余的。那么谁能减少有余的，以补给天下不足的呢？只有道德高尚的有道者才能做到。因此，有道的圣人有所作为而不自恃有功，成功了不处高位，更不愿意显示自己的贤能。

◎ 讲解

用自然之道来治理天下，用张弓射箭做比喻，非常贴切、易懂。张弓的目的是为了射中靶心，调高调低，调节用力大小，都是为了射中靶心。治理天下，使天下之人用度充足，快乐自给，清静安分地生活。这应该是他们的目的，也就是靶心。治理者应该削减那些余物，用减下来的余物补充那些不足的人，但现行的法令完全不是这样的，正好相反，剥夺本来就不足的百姓，增加本来就有余的人的奉养，让他们奢侈腐败，社会能不出现乱子吗？

只有有道的圣君，无私无欲，以公平的态度来处理这些事，而且他们下了功夫，改变了现实，却不依靠这些功劳来自恃，也不想居于领导者的地位，而且还不显摆自己的贤能。

七十八章

◎ 原文

天下柔弱莫过于水，而攻坚强者莫之能胜，以其无以易[①]之也。故弱之胜强，柔之胜刚，天下莫不知，莫能行。是以圣人云：受国之垢[②]，是谓社稷主；受国不祥[③]，是谓天下王。正言若反[④]。

注释：

① 易：代替，取代。
② 受国之垢：垢，污垢，引申为屈辱；意指承受全国的屈辱。
③ 受国不祥：不祥，灾祸；意指承担全国的灾难和祸害。
④ 正言若反：正面的话好像反面的话一样。

◎ 直译

天下没有什么东西比水更柔弱的了，而攻坚克强的东西却没有什么东西能胜过水的，这是因为没有什么能替代水。柔胜刚、弱胜强，没有人不知道这个道理，却没有人能够实行。所以，有道的圣人这样说，能承受国家的屈辱，才能成为国家的君主；能承担国家的灾祸，才能成为天下王。正面的话好像在反说一样。

◎ 讲解

本章所说的就是柔弱胜刚强，天下人不仅要懂这个道理，而且要在治国平天下时认真地施行。天下最柔弱的莫过于水了，但水滴石穿，攻坚强，没有比水更强的了。水处于下，方圆随形势而变，一泻千里；就人而言，舌头软则长存，牙齿坚则易折，这些事情谁都能懂，但是在实际行动中，不少人指责柔弱，说什么“不刚不强，难为君王”。但是，有道之君不用刚强，他爱他的人民，别人对他国家的各种指责、侮辱、泼脏水，他都能承担责任，“万方之罪，在余一人”。这样老百姓敬仰他的美德，而奉他为社稷之主。如果国家出现祸乱，甚至民不聊生，君主就必须承担责任，认为祸乱的出现不是老百姓的过错，而是自己“道”行不深，是上天对他的惩罚，这种高尚的人可为国君。总的来说，能行柔弱，则为君王；崇尚刚强，则为祸殃；对世俗崇尚刚强的人来说，这是正话反说。

七十九章

◎ 原文

和大怨，必有余怨，安可以为善？是以圣人执左契[①]，而不责[②]于人。故有德司契，无德司彻[③]。天道无亲[④]，常与善人。

注释：

① 契：借贷的凭证。
② 责：索取所欠。
③ 司彻：掌管税收的官员。
④ 无亲：没有偏爱。

◎ 直译

和解深重的怨恨，必然会留下残余的怨恨，这怎么可以算作妥善的处理办法呢？因此，有“道”的圣人保存借据的存根，但并不以此强迫别人偿还债务。有德之人就像圣人持有借据那样宽容，无德之人就像负责税收的人那样苛刻奸诈。自然规律对任何人都没有偏爱，永远帮助有德之人。

◎ 讲解

怨就是矛盾，小矛盾闹大了，免不了出现大的乱子，对骂，以至于动手、斗殴，必须有人和解。息事宁人，从表面上看是好事，但矛盾闹大了，凭口舌劝慰是不能解决问题的，必须调查矛盾产生的根源。一般来说，大的矛盾和利益相关，特别是借贷的关系，你借了我的钱却想赖账，或者我缴纳了足够的税收，而对方硬说你没缴。对于这种事，古代自有解决的办法，用契约。一般来说，就是雕刻木板，各执一半作为凭据，像现在票据的存根一样。有道德修养的人保存好存根，他不会去找别人的麻烦，也不会凭存根去催讨债务，相信对方有条件时定会解决；而有的人会无理取闹，这种人看到对方的宽容、大度，也会受到感化；这就可以从根本上解决问题，不会产生怨恨。真理规律是没有亲疏、偏爱的，天道永远帮助有德之人。

八十章

◎ 原文

小国寡民。使[1]有什伯之器[2]而不用；使民重死[3]而不远徙；虽有舟舆，无所乘之；虽有甲兵，无所陈之。使民复结绳[4]而用之。甘其食，美其服，安其居，乐其俗，邻国相望，鸡犬之声相闻，民至老死，不相往来。

注释：

① 使：即使。
② 什伯之器：什、伯，是当时军队的编制；器，士兵使用的兵器。
③ 重死：重视躯体的安危。
④ 结绳：在文字出现前，人们结绳记事，小事小结，大事大结，简单纯朴。

◎ 直译

很小的诸侯国，人民数量又少，即使有不少的兵器也并不使用，老百姓重视生命，因而不向远处迁徙，虽有船只车辆却没有人乘坐，虽有武器士兵却没有地方摆阵打仗。让老百姓回复到上古结绳记事的时代，老百姓吃起饭来特别香，穿着褐色的粗麻布衣也觉得美，虽然是茅蓬避雨的住所也觉得特别安宁。当时的风俗习惯，也让人觉得快乐。相邻的国家隔得很近，可以相互观望，以致鸡鸣狗吠声都能听得见，但人民因为无欲无为，从小至老到死，也没有任何往来。

◎ 讲解

老子在本章总结全书中心思想，阐明无欲无为所建立的理想王国。从小国入手，“以我无为之治，试于小国”，小国可实行，大国更容易。有什伯之器而无所用，是无征伐之事。如果国有争夺，烦扰百姓，穷兵黩武，重赋民饥，老百姓不得安宁，只得轻生出走。而现在这一切都不存在了，所以，老百姓重视生命，也不迁徙了。人民自给自足，再平常的食物、衣服也足以让老百姓得到满足，没有羡慕外面世界的意思，居住只求安全，传承的习惯和风俗足以让人快活自由，这就是恢复到上古结绳而治的淳朴、踏实。

至于国与国之间的关系，因为无欲无为，各顾各人的生活，国与国也不会相争，因此，就会出现“邻国相望，鸡犬之声相闻，民至老死，不相往来”这样一种“无为而治”的安定状态。

八十一章

◎ 原文

信言[①]不美，美言不信。善者[②]不辩[③]，辩者不善。知者不博[④]，博者不知。圣人不积[⑤]，既以为人己愈有[⑥]，既以与人己愈多[⑦]。天之道，利而不害。圣人之道[⑧]，为而不争。

注释：

① 信言：真实可信的话。

② 善者：语言、行为善良的人。

③ 辩：巧辩，能说会道。

④ 博：广博、渊博。

⑤ 圣人不积：圣人不自私、不占有。

⑥ 既以为人己愈有：把自己已拥有的一切用来帮助别人，自己反而更加充实。

⑦ 多：丰富。

⑧ 圣人之道：圣人的行为准则。

◎ 直译

真实可信的话不漂亮不中听，漂亮中听的话不真实。善良的人不会巧言善辩，巧言善辩的人不善良。真正有智慧的人知识不广博、懂得不多，知识广博、懂得多的人没有真正的智慧。圣人不存占有之心，他尽力帮助别人，自己反而更充足；他尽力给予别人，自己反而更加丰富。自然规律是让万事万物都得到好处，而不伤害他们。圣人的行为准则是，他所做的任何事情都不跟别人争。

◎ 讲解

本章是《道德经》的最后一章，其实第八十章就可以结尾了，但是老子意犹未尽，从他的经历出发，总结了人生七大处世秘籍，告诫世人：

（一）说实话、说真话，听实话、听真话，人家就信任你；说乖巧话，说漂亮话，人家吹捧你，你千万不要相信。

（二）憨厚、淳朴、木讷、不辩、守中、保全是善，巧辩、争强好胜、逞口舌之利，是不善。

（三）专心一意，恪守本分，有所成就，是智慧；心无主线，追求渊博，天上地下，无所不知，无所不晓，做不成事，是愚蠢的。

（四）圣人无欲无求，不积储财货。他知道，积储越多负担越重，终有财散人穷的一天，劝世人不要贪得无厌。

（五）尽力帮助别人，助人为乐，助人越多，自己得到的越多。

（六）自然之道，有利无害，不伤害万物，只利万物生长。

（七）圣人之道，重在不争。“不争，故天下莫能与之争”，这就是《道德经》的精髓，是人生的大智慧。

后 记

一、编写本书的过程，是我们学习感悟的过程，也是我们灵魂净化的过程。对我们自身的提高，简直是不可言喻的。在中国流行最广的“儒释道”三家，虽各有侧重，但其精髓又是不谋而合的。儒家侧重讲人和社会的关系。讲“修身、齐家、治国、平天下”，但其落脚点却是“正其心”“诚其意”，而正心、诚意，正是要无私、无欲地做人。佛教侧重讲人和心的关系。要想成佛，必须“无我相、无人相、无众生相、无寿者相”，也就是要净化心灵，不考虑自我，不考虑众生，更不考虑自己寿命的长短。也就是做到无私、无欲。道家讲的是人和自然的关系。《道德经》从一开始第一章到最后第八十一章，反复讲的就是“无为”，所谓“无为”并不是不为，而是无私、无欲地为，能做到这一点，就能“无不为”。

无私、无欲，作为做人的标准，是三教的共同点。我想，这就是几千年传承下来的最深的中华民族的文明底蕴。作为一个炎黄子孙，要想做出一番事业，治国平天下也好，普度众生也好，护佑万物也好，都必须从净化自己的灵魂开始，“无为”而“无不为”。

二、老子《道德经》这部千古经典，自南北朝王弼以来，不知有多少人在研究它，探索它的真谛，阐发它所展示的人生大智慧。注释、校疏层出不穷。这两年来，我们读了很多书，从中汲取了很多营养，为我们编写这本《你也能读懂的〈道德经〉》打下了基础。在这里，我们要特别提及的是，中国书店出版社出版的汉、唐两代的《道德经集释》，中华书局出版的《老子道德经注》，明代憨山德清著、尚之煜先生校译的《老子道德经解》。我们还读了不少有关老子哲学思想方面的书籍。正是这些资料，扩大了我们的视野，提高了我们的认知能力，才有我们这本书的诞生。

另外，在本书的写作过程中，得到很多人的指点与帮助。华南理工大学的刘善仕教授特别关注我们的编著，还几次从百忙之中挤出时间参加我们的讨论，再三强调，一定要挖掘出每一章的精髓。暨南大学心理学博士王求是副教授，给予了我们积极支持，对个别章节提出了他宝贵的见解。湖南工程学院的陈赤平教授，经常询问我们的写作进度，给予了足够的支持和关注。在此，一并向他们致以诚挚的谢意！

王不才

2021 年 5 月